LITURGIE
sous la direction du Révérendissime Dom Cabrol,
abbé de Farnborough.

Dom J. BAUDOT

# LES CLOCHES

BLOUD & Cie

S. et R. 672

# LITURGIE

Série publiée sous la direction du Révérendissime Dom Cabrol

ABBÉ DE FARNBOROUGH

# LES CLOCHES

PAR

## Dom Jules BAUDOT

Bénédictin de Farnborough

PARIS

LIBRAIRIE BLOUD & Cᶦᵉ

7, PLACE SAINT-SULPICE, 7

1 ET 3, RUE FÉROU — 6, RUE DU CANIVET

1913

# LES CLOCHES

*Étude historique, liturgique et symboliqu*

---

## AVANT-PROPOS

Une étude sur les clochettes et les cloches est avant tout une étude religieuse. Sans doute, on pourrait sur ce sujet trouver matière à des considérations d'ordre scientifique et artistique dans lesquelles on suivrait pas à pas les progrès réalisés pour la fonte des métaux, la combinaison des alliages, la forme donnée aux instruments en vue d'obtenir la perfection dans la solidité, la sonorité, l'harmonie ; on pourrait même rechercher les procédés qui ont permis de mettre en branle des masses énormes avec la moindre dépense possible de forces physiques : mais il faut toujours en revenir à cette constatation que ces inventions du génie humain ont été réalisées à travers les siècles comme un moyen d'inviter les hommes à la louange du Seigneur, à la prière, à la manifestation d'une joie ou d'une tristesse qui élève l'âme vers Dieu ou du moins rapproche l'âme de Dieu. D'ailleurs, si la sonnette ou clochette est d'origine profane, la cloche est une invention du christianisme, et l'usage en est, de nos jours, presque exclusivement religieux.

Cette pensée a inspiré tous les auteurs anciens ou modernes qui ont écrit sur les cloches ; quelques-uns ont même donné à leur travail un titre en rapport avec la destination religieuse de ces instruments (1). Dans

---

(1) Par exemple : J. CORBLET, *Notice historique et liturgique sur les cloches* dans la *Revue de l'Art chrétien*, a. 1858, 1<sup>re</sup> année.

FARNIER, *Notice historique sur les cloches*, suivie des prières et cérémonies pour la bénédiction. Robécourt, 1883.

la présente étude historique, liturgique et symbolique, nous nous proposons de résumer, d'après les derniers travaux, ce que les cloches offrent de détails intéressants pour un enfant de l'Eglise. Le son de la cloche, en pays chrétien, est associé aux joies et aux deuils de la famille ; trois fois le jour il invite à prier Marie au souvenir du mystère de l'Incarnation ; chaque dimanche et dans les grandes solennités, il convoque les fidèles dans le temple et au pied des autels ; dans les dangers qui menacent, dans les calamités qui sévissent, il élève les âmes jusqu'au pied du trône de Dieu pour en faire descendre secours et protection. Dès lors, un cœur chrétien ne saurait se désintéresser de tout ce qui se rattache aux origines et au développement des cloches dans le passé, aux formules liturgiques dans lesquelles l'Eglise a traduit la foi naïve de nos ancêtres, au symbolisme instructif renfermé dans les usages multiples des cloches comme aussi dans les rites qui accompagnent leur bénédiction. Comme le symbolisme a des rapports très étroits avec l'usage religieux des cloches et la manière dont l'Eglise les bénit, nous réunirons dans une même partie les considérations liturgiques et symboliques : de là, deux parties seulement dans notre opuscule :

PREMIÈRE PARTIE : *Étude historique des Cloches.*

DEUXIÈME PARTIE : *Étude liturgique et symbolique des Cloches.*

# PREMIÈRE PARTIE

## Etude historique

———

### CHAPITRE PREMIER

#### Les Origines

*(1ᵉʳ siècle, à la fin du VIIᵉ)*

———



## Les usages profanes et religieux des clochettes jusqu'au Vᵉ siècle de notre ère.

Tout le monde admet comme un fait incontestable que les clochettes ont précédé les cloches ; ces dernières sont une création du christianisme, tandis que l'humble clochette était connue du monde juif et païen (1).

La clochette ou sonnette (κώδων, *tintinnabulum*, et plus rarement *tintinna*) (2) est un instrument en métal, ayant la forme d'une coupe renversée ou d'un cône tronqué avec évasement à la base, destiné à produire

---

(1) Zaccaria, *Onomasticon*, 1 vol. in-4°, p. 167. — Vacandard : *Notes sur l'origine des cloches*, dans la *Revue du Clergé français*, a. 1902, t. XXIX, p. 337.

(2) Le mot latin *tintinnabulum* est apparenté à *tinnitus* i. e. *metalli sonus*. C'est le plus ancien des termes employés pour désigner la clochette ; plus tard on se servit des expressions : *cymbalum* (Saint Grégoire le Grand, *P. L.*, t. LXXVII, c. 135), *Campanula* (J. Beleth, *P. L.*, t. CCV, c. 90), *Squilla, caccabulum*. Ce dernier mot se lit sur une clochette trouvée à Tarragone. — Voir *Rev. du Clergé français*, a. 1908, t. LIV, pp. 271-272. — Au moyen âge on se servit aussi de l'expression *Clocca* pour désigner une clochette à main, tel saint Boniface de Mayence (VIIIᵉ siècle).

des sons à l'aide d'un battant suspendu à l'intérieur et
mis en branle par un mouvement imprimé à la clochette elle-même. Quelquefois, les anciennes clochettes
présentent une forme quadrangulaire avec côtés plus
étroits au sommet qu'à la base, le métal est de fer
battu et la clochette est formée de plusieurs pièces
soudées ensemble ; d'autres fois, elles sont en bronze
et coulées d'un seul jet (1). Elles ont d'ordinaire un
anneau au sommet et sont de dimension plus ou moins
grande (2).

I. *Usages de la clochette avant le christanisme.* — Ces
usages furent assez variés, on peut distinguer les religieux et les profanes. — *A.* Chez les Juifs, le grand
prêtre pour remplir son ministère dans le temple portait un *Ephod* (ou robe) garni au bord inférieur de
grenades mêlées à des clochettes d'or, afin qu'on
entendît le son des clochettes au moment de l'entrée
et de la sortie du sanctuaire (3). La sonnette était
connue des Egyptiens et rien n'empêche de penser que
les clochettes et les grenades de la robe d'Aaron ne
fussent un emprunt fait à ce peuple par les Hébreux.
Chez les païens (4) la clochette servit d'instrument
pour convoquer les peuples à la prière, on l'attacha
au cou des victimes pour rendre l'offrande plus digne
des dieux, on l'employa comme amulette pour mettre
en fuite les mauvais esprits, elle figura comme emblème
de la divinité, on la plaça dans les tombeaux comme
un objet que le défunt avait affectionné pendant sa

(1) D'après M. CHAILLOU, *la cloche-sonnette gallo-romaine de Cléons
près Nantes*, en bronze fondu, pourrait être rapportée au I<sup>er</sup> ou au
II<sup>e</sup> siècle (brochure in-8°, de 16 pages. Nantes, 1892).

(2) On peut voir des gravures représentant ces clochettes dans
A. RICH, *Dictionnaire des antiquités romaines*, au mot *Tintinnabulum*,
p. 648 ; aussi dans *Revue de l'Art chrétien*, a. 1869, t. XIII, pp. 74-80.

(3) *Exod.*, c, XXVIII, v. 33 et 35. — VIGOUROUX, *Sainte Bible poly-
glotte*, t. I, p. 411. — Le Musée du Louvre et le *British Museum*
possèdent des clochettes égyptiennes.

(4) Vu le grand développement de ces instruments en Chine, dans
l'Inde et parmi les adorateurs de Bouddha, on serait porté à croire que
l'usage des cloches nous vint de l'Extrême-Orient. J. HASTINGS, *Dictio-
nary of the Bible*, t. I, p. 269.

vie (1). A Rome, à l'entrée du temple de Jupiter Capitolin étaient suspendus des disques (ou sonnettes, *tintinnabula)* analogues aux sonnettes que l'on plaçait à l'entrée des maisons (2). — *B.* Les auteurs classiques de la Rome païenne nous attestent qu'aux portes des demeures somptueuses et dans l'intérieur des appartements se trouvaient des clochettes, que les maîtres s'en servaient pour réveiller leurs esclaves et les appeler auprès d'eux, que dans les services publics, le son d'une clochette annonçait l'ouverture des bains et des marchés (3), que pour les rondes de nuit il y avait des soldats *codonophores* ou porteurs de sonnettes, que dans les théâtres grecs une cloche sans battant faisait écho à la voix des acteurs. On employa aussi ces instruments comme jouets d'enfant, tel le *crepitaculum,* petit cercle orné de clochettes et traversé par un manche, puis comme amulettes et comme parures, ainsi à l'anneau des pendants d'oreilles était suspendue une sorte de clochette. Enfin on les suspendit au cou des animaux, au cou des criminels conduits au supplice (4).

II. *Usages de la clochette après le christianisme.* — Après le triomphe de l'Evangile, on voit disparaître, avec les anciens établissements signalés, quelques-uns des usages profanes des sonnettes, d'autres se maintiennent, d'autres disparaissent pour reparaître plus tard, par exemple, les ventes à la criée faites au bruit

(1) On croyait aussi que le son des clochettes avait la vertu de purifier l'âme et de chasser les démons. BARRAUD, *Notice sur les cloches,* dans le *Bulletin monumental* (périodique) a. 1844, t. X.

(2) DAREMBERG et SAGLIO, *Dictionnaire des Antiquités grecques et romaines,* t. I, Iʳᵉ partie, p. 902.

(3) STRABON, *Geographiæ, lib. 14,* raconte à ce sujet l'anecdote d'un joueur de flûte qui sur la place d'une des villes de la Carie charmait les habitants par les sons de son instrument : tout à coup ses auditeurs, ayant entendu la cloche du marchand de poissons, l'abandonnèrent, à l'exception d'un sourd. Le joueur de flûte se confond en remerciements auprès de ce dernier : « On a donc sonné l'heure du marché, » répliqua le sourd. Et sur un signe affirmatif, il abandonna lui-même l'artiste, désappointé.

(4) Sur les divers usages de la clochette, voir L. MORILLOT : *Etude sur l'emploi des clochettes chez les anciens et depuis le triomphe du christianisme,* 1 in-8, Dijon, 1888. — Voir aussi VACANDARD, dans *Revue du Clergé français,* a. 1902, t. XXIX, p. 349.

d'une clochette. — Au point de vue religieux, comme
on a retrouvé de ces ustensiles dans les catacombes,
on suppose que les premiers chrétiens en firent usage
dans leurs réunions (1). Ce fut toutefois d'une façon
discrète, à l'intérieur des appartements, pour ne pas
éveiller l'attention des persécuteurs : pour cette même
raison, on croit généralement que dans l'église primitive, les fidèles furent convoqués aux assemblées par
l'intermédiaire des diacres ou même des ministres
inférieurs. Ainsi dans la lettre de saint Ignace d'An-
tioche à Saint Polycarpe se lit cette recommandation :
*Sæpius congregationes fiant ; ex nomine omnes
inquire* (2). Puis, quand la paix fut accordée à l'Eglise
par l'empereur Constantin, on put user d'instruments
sonores pour la convocation des fidèles, mais les
clochettes, ce semble, n'apparurent pas immédiatement, on employa les trompettes, ces instruments
plus d'une fois mentionnés dans l'Ancienne Loi. Ainsi
la règle de saint Pacôme († 348) dit que les religieux
doivent, au son de la trompette, quitter leurs cellules
et se rendre au lieu de la prière en commun (3). On
employa aussi à cet effet des *crécelles* ou *clappets*, et
Amalaire constate, au commencement du ix° siècle,
qu'il existe encore des crécelles dans les églises de
Rome (4). Selon toute vraisemblance, l'usage des
clochettes pour annoncer les exercices religieux s'établit d'abord dans les monastères et s'étendit ensuite

(1) PERRET, *Catacombes de Rome*, Paris, 1851-1855, t. IV, pl. VIII.

(2) LIGHTFOOT, *The Apostolic Fathers*, vol. II, p. 603.

(3) *P. L.*, t. XXIII, col. 68.

(4) AMALAIRE, *De ecclesiasticis officiis*, lib. IV, col. 28. *P. L.*, t. CV,
col. 1291.

N. B. — La crécelle paraît dériver du *Semantron* des Grecs : ce
dernier instrument était composé de deux longs morceaux de bois que
l'on tenait dans la main gauche ; à l'aide d'un marteau tenu dans la
main droite, on frappait ces lattes suivant un rythme déterminé et en
différents endroits. On eut aussi de ces instruments, à dimensions plus
grandes, suspendus aux tours au moyen de chaînes. En Occident, ces
instruments furent appelés *ligna* ou *crepitacula ecclesiastica*. L. ALLA-
TIUS, *De templis Græcorum recentioribus*. D'après une représentation
donnée dans *Acta Sanctorum*, JUNII, t. II, pp. XXIV-XXV, les morceaux
de bois sont attachés à l'épaule gauche de l'exécutant et celui-ci tient
dans chaque main un petit marteau pour frapper l'instrument.

aux autres églises (1). Tout ce qu'on peut dire de plus
certain sur ce point, c'est que les clochettes furent en
usage dans l'Église d'Occident avant le vi⁰ siècle, car
il en est question dans la vie de saint Columban écrite
durant ce siècle (2).

---

## Article II. — La clochette et la cloche en Occident, depuis le V⁰ siècle jusqu'à la fin du VII⁰.

Il est difficile de déterminer l'époque précise où
l'augmentation du volume et la modification du métal
firent de l'humble clochette la cloche proprement dite
que nous connaissons tous. Selon toute vraisemblance
le développement se produisit peu à peu en raison de
la distance à laquelle on voulait envoyer le son de
l'instrument ; la période à étudier dans cet article est
forcément une période de transition. En conséquence,
on ne saurait parler d'un seul inventeur des cloches,
les noms de saint Paulin de Nole († 431), du pape
Sabinien († 606), qu'on a invoqués jadis, ne doivent
plus être mêlés à l'histoire de l'invention de ces instruments : le premier n'en parle pas dans la description
qu'il nous a laissée de sa basilique (3), et dans les
écrits de saint Grégoire de Tours († 595), mort plusieurs années avant le pontificat de Sabinien (604-606),
on trouve déjà la cloche mentionnée dans le mobilier
des églises.

Un rapide aperçu sur les noms divers par lesquels

---

(1) On ne peut toutefois invoquer, comme l'ont fait certains auteurs,
une *Règle des moniales* écrite par saint Jérôme. Comme cette œuvre
attribuée au saint Docteur et éditée dans ses œuvres *(P. L.,* t. XX,
col. 403) n'est pas de lui, la preuve pour le v⁰ siècle tombe d'elle-même.
*Benedicti XIV, Institutiones ecclesiasticæ, XX,* t. X, p. 78.

(2) BENOIT XIV, *loc. cital.,* t. X, p. 78.

(3) BENOIT XIV, *loc. cital.,* t. X, p. 118.

est désignée la cloche dans l'antiquité chrétienne jettera quelque lumière sur ses origines ; après cet exposé, nous reviendrons sur l'usage des clochettes à main aux Vᵉ et VIᵉ siècles, et nous dirons en terminant comment on donna au VIIᵉ siècle une installation fixe aux cloches de volume plus considérable.

### § I. — NOMS DONNÉS A LA CLOCHE DANS L'ANTIQUITÉ CHRÉTIENNE

Les noms principaux sont ceux de *clocca, signum, campana, nola.*

1° Le mot *clocca* est devenu en français *cloche,* en allemand *glocke,* en anglais *clock* : au début, il a pu désigner une simple clochette.

On a voulu donner à ce mot une origine romane et le rattacher au verbe *clocher,* équivalent de *boiter,* à cause du mouvement de claudication qui se produit lorsque la cloche est en branle ; on a cité à cette occasion un jeu de mots de Rutebeuf (XIIIᵉ siècle) et l'on a fait dériver clocher du provençal *clopchar* et du bas latin *cloppus* (boiteux). Mais il a paru plus vraisemblable de donner au mot *clocca* une origine germanique ; *klochen* en vieil allemand signifie *battre, frapper.* En effet, le battant est dans la cloche un élément distinctif ; d'autre part, le mot *clocca* ne se trouve pas dans les écrits de source provençale, et il est, parfois sous la forme *cloccum,* particulier aux écrivains du nord de la Gaule et des bords du Rhin (1). Telle était d'abord la manière de voir de M. Vacandard, mais sur une observation du R. P. Thurston (2), il a modifié son sentiment : il convient que le mot *clocca* pourrait bien dériver du mot celte *clog.* En effet, les premiers instruments d'où dérivent nos magnifiques cloches modernes paraissent avoir été les cloches à main de saint

(1) Voir plusieurs références données par M. Vacandard, *Revue du Clergé français,* a. 1902, t. XXIX, p. 340-341.

(2) THURSTON, *The early history of Church Bells,* dans la revue *The Month,* june 1907, p. 634. — VACANDARD, *Revue du Clergé français,* a. 1908, t. LIV, p. 271.

Patrice et des missionnaires ses compagnons; le vieux mot irlandais *cloc,* qui se transforma plus tard en *clog* est probablement d'origine anglo-saxonne (1).

2° Le mot *signum* a été le plus communément usité dans la Gaule antique pour désigner la cloche. L'expression *commovere signum* est familière à saint Grégoire de Tours († 595)(2); Max Bonnet, dans son livre sur le latin de cet historien, traduit cette formule par *sonner la cloche.* Un autre passage du même Grégoire parle de la corde avec laquelle on agite la cloche, *funem illum de quo signum commovetur* (3); des interprètes en ont conclu que la cloche devait être d'assez grande dimension. — Le même mot *signum* est employé en Italie pour désigner la cloche; c'est l'interprétation la plus naturelle d'un passage de la Règle de saint Benoît († 543). On y lit en effet ces mots : *Ad horam divini officii, mox ut auditum fuerit signum, summa cum festinatione curratur* (4). — On trouve la même expression *signum* dans les anciens monuments liturgiques d'Espagne au VIIe siècle (5). Puis, quand apparaissent les langues romanes, *signum* donne *sen, seint, sein ;* notre mot *tocsin* dérive manifestement de cette racine ; il en est de même de l'expression *zeichen* par laquelle certaines régions de langue allemande, celle de Bâle par exemple, désignent le premier coup de cloche donné pour annoncer le prêche.

3° *Campana* (s. e. *pelvis*) est une expression dont se servit l'antiquité païenne pour désigner les *vases de forme circulaire.* Au temps de Pline le Jeune, on tirait de la province de Campanie les plus beaux objets en métal, les ustensiles d'airain ou de bronze. Mais ces ustensiles ne sont pas encore les cloches ; ce sont de

(1) FOWLER, *Adamni vita sancti Columbæ,* Oxford, 1894. — Adamnus écrivit cette vie vers la fin du VIIe siècle.

(2) Voir *De Virtutibus Martini,* lib. II, c. 45 et c. 38. — *Historia Francorum,* lib. 3, c. 15. — *P. L.,* t. LXXI, col. 962 et 933.

(3) *Ibid.*

(4) Chap. 43 de la *Règle de saint Benoît.* — Comparer la règle de saint Césaire, *ad Virgines,* c. 10. *P. L.,* t. LXVII, col. 1109.

(5) D. FÉROTIN, le *Liber ordinum,* p. 140, not. 1.

simples objets en airain de forme concave, de dimensions plus ou moins grandes (1). Une inscription du temps de Domitien décrivant un banquet des Frères Arvales appelle *campanœ* des vases qui contenaient des aliments solides ou liquides (2). — De bonne heure on remarqua la sonorité des vases d'airain, d'où leur emploi dans les grandes démonstrations de joie ou de crainte. Les vers suivants de Juvénal,

> *Tot pariter pelves ac tintinnabula dicas*
> *Pulsari; jam nemo tubas, nemo œra fatiget* (3).

montrent la *pelvis* comme une sœur de la clochette, l'épithète *campana* jointe au mot *pelvis*, ou l'équivalent neutre *aes campanum*, servirent à marquer la provenance de ces instruments. — Longtemps on a cru que la plus ancienne mention du mot *campana* dans le sens de cloche était du vénérable Bède († 734) (4); mais l'auteur de la vie de saint Columba (5) († 599) nous dit que son héros se levait à minuit au son de la cloche, *sonante campana*, pour se rendre à l'église. On sait que cette pratique existait dans les monastères du sud de l'Italie; dès le commencement du VIe siècle, l'usage de la cloche y est donné comme déjà ancien (6).

4° *Nola*. — Walafrid Strabon, au IXe siècle, Honorius d'Autun au XIIe, ont prétendu que ce nom donné aux cloches indiquait leur provenance primitive. « Ces vases d'airain, dit le second, ont été inventés à Nole en Campanie; de là leur appellation. Les plus grands sont appelés *campanœ* à cause de la région de Campanie,

---

(1) Pline ; *Histoire naturelle*, 34, 95 ; 18, 86.

(2) *Corpus inscriptionum latin.*, VI, n. 2067, p. 523.

(3) *Satires*, VI, 441.

(4) *P. L.*, t. XCV, col. 211.

(5) D'après les Bollandistes, Cumineus écrivait cette vie soixante ans après la mort du saint. *Acta Sanctorum, Junii*, t. II, p. 186, n. 17.

(6) Lettre de Ferrandus, diacre de Carthage à Eugipius, abbé de Lucullano, près de Naples et biographe de saint Séverin ; la lettre a été écrite vers 515.

les plus petits *nolæ*, à cause de la ville de Nole (1).

Il est vrai que ces auteurs n'ont pas donné de noms aux inventeurs de cloches ; d'autres s'en sont chargés, mais sans fondement sérieux, ainsi ils ont imaginé que saint Paulin, évêque de Nole (vers 400) avait bien pu introduire le premier les cloches dans les églises : la légende date seulement du xv^e siècle, ou peut-être même du xvi^e, mais elle fit son chemin. Déjà nous avons remarqué que saint Paulin ne parle point de cloches dans la description du mobilier de sa basilique, il faut donc renoncer à voir en lui l'inventeur de la *Nola*. C'est d'ailleurs assez tard qu'on se servit du mot *nola* pour désigner la cloche ; primitivement on appelait de ce nom une clochette, une eschelette comme on disait au moyen âge. Vers le milieu du ii^e siècle, le poète élégiaque Avianus dit qu'on mettait une *nola* dans la gueule des chiens enragés pour prévenir les passants du danger qui les menaçait. Flodoard (894-966) est, paraît-il, le plus ancien écrivain qui ait appliqué le mot *nola* à la cloche de nos églises ; il fallut bien après lui expliquer cet emploi, nos liturgistes du moyen âge s'en chargèrent.

5° D'autres noms moins importants et moins usités aussi ont été donnés aux cloches ou clochettes : on les a appelées par exemple, *Aes, æramentum*, en raison du métal employé pour les fabriquer ; *lebes* à cause d'une certaine similitude avec le vase désigné sous ce nom ; *petasus* parce qu'elles ont plus ou moins la forme d'un chapeau ; *crotalum* à cause du crépitement produit par la vibration ; *squilla* peut-être en raison du son aigu produit par la clochette (2).

(1) Honorius d'Autun, *De gemma animæ*, lib. I, c. 142. *P. L.*, t. CLXXII, col. 588.

Le cardinal Bona conjecture qu'après le ix^e siècle, l'expression *campana* servit à désigner les plus grosses cloches. François Pagi, neveu de l'annotateur de Baronius, a contesté cette interprétation dans son *Breve Gestorum Pontificum*, et s'est attiré une réplique du cistercien Sala. *Rerum liturgicarum libri duo*, t. II, p. 136.

(2) Le mot *squilla* est mentionné, dans la vie de saint Benoît d'Aniane, écrite au xiv^e siècle, comme le nom de l'instrument qui sert à réveiller les frères au dortoir. A ce propos, l'annotateur cite une phrase curieuse de Durand, *lib. I de Divinis officiis : Squilla*, y est-il dit, *pulsatur in triclinio, cymbalum in claustro, nola in choro : verum uti hic squillæ usus in dormitorio, prescribitur, etiam choro injungitur a Lanfranco*. Cf. *Acta Sanctorum, februarii*, t. II, pp. 618-619.

## § 2. — Usages des clochettes a main aux $V^e$ et $VI^e$ siècles.

Les légendes des saints et les représentations par l'image nous reproduisent les clochettes ou sonnettes comme un instrument à l'usage des missionnaires soit pour appeler les fidèles à l'instruction et à la prière, soit pour mettre en fuite les démons, soit aussi pour maudire les chefs opposés à l'évangélisation de leurs sujets. C'est dans les chrétientés celtiques du $v^e$ siècle qu'il faut chercher les plus anciens instruments de ce genre (1). Presque tous les pays évangélisés ou visités par les saints bretons ou scots conservent encore quelques exemplaires de ces clochettes portatives, hautes de 15, 20 ou 30 centimètres, auxquelles s'est également attachée la vénération séculaire des fidèles (2). D'après le Livre d'Armagh, saint Patrice († vers 461) aurait transporté au delà du Shannon, entre autres objets de culte, une cinquantaine de cloches (3). Dans une autre circonstance, Patrice donne à Fiacc, l'un de ses associés dans l'apostolat de l'Irlande et le premier évêque de Slebte, une clochette et un bâton pastoral. — On mit dans le tombeau de saint Patrice l'instrument qu'il portait avec lui dans ses missions ; cette cloche fut retrouvée en 552, on la conserve comme une relique et aujourd'hui encore on peut la voir au musée de Dublin. Elle est connue sous le nom de cloche du testament, *Clog-an-edachta* (4); le D$^r$ Reeves expose ainsi les circonstances dans lesquelles cette cloche fut sauvée de l'incendie au $xi^e$ siècle. En l'an 1020, Armagh

(1) Dom GOUGAUD, *Les Chrétientés celtiques*, p. 327.

(2) *Ibid.*

(3) *Analecta Bollandiana*, a. 1882 et 1883, t. I et II. *Documenta de Sancto Patricio ex libro Armachano*, t. I, p. 584, t. II, p. 228.

(4) Il est de toute évidence que, parmi les Celtes primitifs et particulièrement en Irlande, chaque missionnaire avait sa cloche à main, et que les cloches de ce genre ayant appartenu aux plus illustres apôtres du pays, furent tenues en grande vénération comme la plus sacrée des reliques. H. THURSTON *The early history of Church Bells*, dans *The Month*, June 1907, p. 635.

fut brûlé, et en 1074, le clocher de l'église *(cloictheach)* fut également détruit avec ses cloches. Trois objets précieux échappèrent à l'universelle dévastation, savoir : le bâton pastoral, les évangiles et la cloche de saint Patrice. Cette dernière est ainsi appelée parce qu'on la suppose avoir été à l'usage personnel du saint Apôtre et parce qu'on la porta après sa mort, à l'église spécialement chère à sa piété. Patrice distribuait des cloches aux oratoires fondés par ses soins ; on dit qu'il en donna cinquante aux églises de la seule province de Connaught. D'après une ancienne croyance, les trois objets dont on vient de parler furent placés dans le tombeau de notre apôtre. Le rédacteur des *Annales d'Ulster,* écrivain du moyen âge, tira le récit de leur découverte de l'ancien livre de Cuana ; il semble que Tirechan se réfère à ce récit dans un passage que reproduit le Livre d'Armagh (avant 807). Un des poèmes irlandais restés manuscrits et attribués à saint Colombkill est dédié à la cloche appelée *Clogan-udhachta* (1). — Le D^r Reeves donne ensuite la description de la précieuse cloche : « Elle a, dit-il, la forme d'un quadrilatère, se compose de deux plaques de fer recourbées par le haut, jointes ensemble par des rivets de fer à large tête, les angles sont arrondis. L'une des deux plaques forme la face antérieure, se rabat sur l'autre plaque plus petite, à un tiers environ de la hauteur. Pour consolider la soudure des rivets on a fait couler du bronze sur toute la surface, ce qui rend le métal plus résistant et plus sonore ; l'intérieur a été également recouvert de bronze mais de façon plus irrégulière ; ce revêtement, semble-t-il, a été obtenu en plongeant le fer dans un vase où le composé métallique était en fusion. Un procédé identique était encore pratiqué dans ces derniers temps. Le manche de la cloche également en fer a été introduit à l'intérieur par le moyen de trous percés au sommet et s'est trouvé assujetti par le bronze en fusion, le battant aussi de fer est manifestement de fabrication plus récente...

(1) Le manuscrit de ce poème est conservé à la Boldléienne d'Oxford. *Laud.,* 615.

Dans la suite des siècles la cloche a subi quelque détérioration occasionnée par la corrosion du métal ; au xi⁰ siècle, on jugea bon de la renfermer dans une châsse (1). »

Cette cloche, monument précieux des anciens âges, n'est pas la seule que l'on ait retrouvée dans les pays celtiques ; on en a signalé beaucoup d'autres qui remontent aux vᵉ et vıᵉ siècles. Telles sont : la *Black Bell of saint Patrick,* autre cloche conservée au musée de Dublin et fort semblable à la cloche du testament décrite par le Dᵣ Reeves; la *Bell of Clogher* longtemps conservée à Donaghmore, donnée par saint Patrice à Carthan, évêque de Clogher, elle porte le mot *Patrici* gravé à une date plus rapprochée de nous ; la cloche de *Monaghan* dont le Dᵣ Reeves déclare ne pouvoir reconstituer l'origine ; la cloche de *saint Berach,* abbé et évêque en Irlande au vıᵉ siècle, on dit que le saint reçut cette cloche des mains du fabricant nommé Daguerre (2), etc...

La liste serait longue si nous devions mentionner les instruments de ce genre signalés dans la vie des saints qui ont joué un rôle dans l'organisation chrétienne de l'Irlande, de l'Ecosse et du pays de Galles : il faudrait rappeler les noms des saints David (3), Cadoc, Gildas, Telliaus, Aidan ou Médoc, etc., citer les noms des fondateurs de monastères en ces régions, comme saint Columba, saint Fillan ; il faudrait suivre en Armo-

(1) Dᵣ REEVES, *Transactions of the royal Irish Academy,* vol. XXVII, Dublin 1877-1886. Dans les pays celtes on prit un soin particulier de ces souvenirs, et, à partir du xıᵉ siècle surtout, on confectionna des *coffrets métalliques* destinés à servir d'écrin aux cloches les plus précieuses. Les plus anciens de ces écrins, celui de la cloche de saint Patrice (musée de Dublin), celui de la cloche de saint Culan *(British Museum),* datent du xıᵉ siècle. Le premier est un travail d'un véritable cachet artistique. Dom GOUGAUD, *Les Chrétientés celtiques,* p. 328.

(2) Th.-J. WESTROPP, *Science and Art Museum Guide,* part. IV ; *The Christian period,* p. 18 Dublin 1906. — Margaret STOKES, *Early Christian art in Ireland,* p. 61. — *Proceedings of royal Irish Academy,* t. VII, p. 444, et t. VIII. — Sur saint Berach, voir aussi les *Acta Sanctorum, februarii,* t. II, p. 833.

(3) David, évêque de Menevia († 544) ; des miracles opérés par la cloche de ce saint sont attestés par Harpsfeld dans son *Histoire d'Angleterre.*

rique les saints Pol de Léon, Léonor, Gildas, etc. (1)...
— On conserve actuellement à Welshpool (pays de
Galles), *Powys land Museum*, la cloche celtique de
*Llangystenyn,* que l'on croit être du IVe siècle (2).

Ces monuments rendent tout à fait croyable la
légende de saint Fortchernus († 490), fils d'un prince
irlandais, donné comme patron des fondeurs de cloches (3) ; de même aussi la légende de saint Lughaidh
(† 590), patron de l'église de Lismor en Ecosse, dans
laquelle il est fait allusion à la fabrication d'une cloche.

Des cloches du même genre existaient dans les autres
régions de l'Église occidentale. En Allemagne, la plus
connue est le *Saufang* (trouvaille de porc) découverte
à Cologne en 613. M. Ramboux, conservateur du
musée de Cologne, en donne la description suivante :
Cette petite cloche est de quelque importance pour
l'histoire archéologique ; elle appartenait à l'église de
Sainte-Cécile de Cologne ; elle est composée de trois
lames de fer battu, jointes par des clous à la manière
des chaudrons, elle a 42 centimètres de haut, est de
forme allongée, aplatie ; le son en est assez fort et
retentissant (4). — Dans les Gaules, nous savons par
saint Grégoire de Tours que les cloches étaient en
usage dans les monastères (5).

(1) Voir J. RAVEN; *The Bells of England,* p. 278-280. — Ch. CAHIER,
*Caractéristiques des Saints,* t. I, pp. 229-231.

(2) *Archæologia Cambrensis,* 5ᵉ série, vol. IX, p. 252.

(3) Fortchernus fut, au milieu du Vᵉ siècle, élu évêque de Trim, se
réfugia dans la solitude, bâtit le monastère de Leonster *(monasterium
Roscurense).* On lui attribue la première cloche fondue. *Acta Sanctorum, Februarii,* t. III, p. 13. — A la même époque on signale parmi
les moines bretons trois artistes, Essa, Bitnus et Tesaus, réputés comme
habiles dans la fabrication des autels et des cloches. Un moine de
Bangor, Daygœus, qui mourut très âgé en 586, passait dans sa jeunesse
pour un ouvrier accompli en bronze et en fer ; il aurait à lui seul
fabriqué 300 cloches. *Acta Sanctorum, Augusti,* t. III, p. 657. Un auteur
allemand, E. MICHAEL, *Uber Clocken,* attribue aussi à l'église iro-
écossaise (celtique) les premiers essais de fabrication de grosses cloches...
Voir *Revue des questions historiques,* oct., 1911, pp. 661-2.

(4) J.-O. WESTWOOD, *Ancient portable hand Bells of the British and
Irish Churches. Archæologia Cambrensis,* 1ᵉ série, vol. IV, p. 174.

(5) Voir *Vitæ Patrum,* c. 7. *P. L.,* t. LXXI, c. 1037. *ibid.,* c. 1050.
— *De miraculis sancti Martini,* liv. I et II, *Ibid.,* c. 255 et 962. —
*Historia Francorum,* III, 15. *Ibid.,* col. 933. Le même dans *Monumenta
Germaniæ historica,* édit. Krush, t. II, p. 601.

## § 3. — INSTALLATION FIXE
### DONNÉE AUX CLOCHES DÈS LE VII<sup>e</sup> SIÈCLE

Il faut avouer que les renseignements sur ce point sont assez vagues pendant tout le cours du VII<sup>e</sup> siècle : cependant certaines expressions de saint Grégoire de Tours, comme aussi le volume considérable de certaines cloches à cette époque nous autorisent à penser que, dès la fin du VI<sup>e</sup> siècle, les cloches furent installées dans un appartement (1), mises en branle à l'aide d'une cerde, ou frappées à l'aide d'un maillet ou marteau (carillon). Ce que nous savons par Grégoire de Tours (2), est corroboré par ce que nous trouvons en d'autres documents sur l'existence de cloches puissantes en Gaule, en Espagne, en Italie pendant le cours du VII<sup>e</sup> siècle. Sous Clotaire II (613-628), la cloche de Saint-Étienne de Sens, qui se faisait entendre à une distance de six à sept milles, était considérée comme une merveille. Il paraît que le roi voulut faire emporter cette cloche à Paris, mais à la prière de saint Loup, l'instrument déplacé n'eut plus le même son jusqu'à ce qu'il eût été remis en sa place primitive (3). En Espagne, des cloches d'assez forte dimension auraient été d'un usage commun dès le VII<sup>e</sup> siècle : on se servait de ces instruments pour annoncer au loin le décès des fidèles : c'est ce que laissent supposer les formules consignées dans le *Liber ordinum* pour la bénédiction des cloches (4). On peut admettre que des premiers essais de grosses cloches furent faits aussi en Irlande.

Quant à leur installation, on a bien remarqué, dans les anciennes églises irlandaises et espagnoles, un genre

---

(1) Qu'étaient les clochers dont étaient pourvues certaines basiliques, comme Saint-Apollinaire de Ravenne, Saint-Martin de Tours, et cela dès le V<sup>e</sup> siècle, il est assez difficile de le dire. Cf. *Dictionnaire d'Archéologie chrétienne et de Liturgie*, t. II., col. 573.

(2) *Loc. cital.*, page précéd., note 5.

(3) *Vita Sancti Lupi*, cap. V, n. 20. *Acta sanctorum*, Sept. t. I., p. 262.

(4) D. FÉROTIN, le *Liber ordinum*, p. 150, note 1.

de construction qui n'a pas son pareil dans les autres régions occidentales : à côté de l'entrée occidentale est une tour de forme circulaire, mais cette tour ne paraît pas avoir été destinée primitivement à renfermer les cloches. Il semble plutôt que l'on doive considérer ces édifices comme des lieux de refuge où moines et clercs se mettaient en sûreté, en cas de danger, avec leurs objets précieux. Ces tours servirent surtout au temps des invasions danoises : on les appelait communément *cloc teach*. Les cloches qu'on y recélait semblent avoir été regardées comme la partie la plus précieuse du trésor ; de là vint probablement le nom donné à ces tours, il se peut également que ces édifices aient servi de beffroi (1).

Pour la période anglo-saxonne en Grande-Bretagne, on pense que les cloches des anciens monastères étaient suspendues dans les arbres (2). Ailleurs on a constaté que dès le VII<sup>e</sup> siècle, il était d'usage de placer une clochette dans *le turriculum* (3).

En somme, il faut attendre au VIII<sup>e</sup> siècle pour voir mentionner dans les auteurs les tourelles où furent logées les cloches.

# CHAPITRE II

## Développement donné à l'usage des cloches dans les églises, depuis le VIII<sup>e</sup> siècle jusqu'à nos jours.

La cloche, au VIII<sup>e</sup> siècle, non seulement fait partie de l'ameublement des églises (monastères et paroisses), mais sa fabrication est une industrie exercée presque exclusivement par les moines, l'instrument obtenu par

---

(1) Dom Gougaud, *Les Chrétientés celtiques*, p. 319. — H. Thurston, art. *Bells*, dans *The Catholic Encyclopædia*, vol. II, p. 419-420.

(2) J. Raven, *The Bells of England*, p. 32.

(3) *Monumenta Germaniæ historica*, SS. II, p. 284.

la fusion du métal acquiert des proportions considérables, on commence à y graver des inscriptions, on
adopte un mode de suspendre et de sonner les cloches
qui, lui aussi, ira se perfectionnant. Dans la suite, les
laïques se feront fondeurs de cloches et la spécialité,
du moins en France, se perpétuera dans certaines
familles ; mais la cloche demeurera jusqu'à nos jours
un instrument à peu près exclusivement ecclésiastique (1). Tel est le développement qu'on se propose
d'esquisser à grands traits dans le présent chapitre :
l'espace de temps y sera partagé entre trois articles :
1° du VIIIᵉ au XIᵉ siècle ; 2° au XIIᵉ et au XIIIᵉ siècle ;
3° du XIVᵉ siècle jusqu'à nos jours.

ARTICLE PREMIER

## Les cloches depuis le VIIIᵉ jusqu'au XIᵉ siècle.

1° *La fonte des cloches*. — Comme nous l'avons vu
dans le chapitre précédent le procédé de la fabrication
des cloches par fusion de métal paraît avoir été
employé en Écosse et en Irlande dès le Vᵉ siècle (2).
Au IXᵉ siècle, des témoignages nombreux attestent
l'existence de ce procédé en Gaule : Walafrid Strabon
(† 849) distingue ce qu'il appelle *vasa productilia* et
*vasa fusilia* (3). Charlemagne favorisa de tout son
pouvoir l'industrie de la fonte des cloches, et le moine
de Saint-Gall a raconté dans sa chronique le triste
sort de Tauchon, religieux de son abbaye, grand fondeur de cloches, et puni par la Providence pour avoir
dans une pensée d'avarice abusé de la générosité du

---

(1) A cette époque, et même un peu plus tôt, comme nous le verrons
dans la seconde partie, on commence à sanctifier les cloches par une
bénédiction.

(2) Voir la légende de saint Lughaidh : W. REEVES, *Transactions of
the royal irish Academy*, vol. XXVII, Dublin, a. 1877-1886.

(3) *P. L.*, t. CXIV, col. 924. — Le successeur de saint Grégoire le
Grand, le pape Sabinien (604-607), a été considéré, mais à tort, comme
le premier fondeur de cloches.

monarque : le chroniqueur écrivait vers 884 (1). Un autre épisode, un peu plus ancien que le précédent (a. 734-738) établit que les premiers fondeurs ne furent pas toujours d'une probité exemplaire (2). A partir du moment où l'on fondit les cloches, on se préoccupa de leur faire rendre un son pur, plus ou moins grave, plus ou moins aigu ; on rechercha dès lors quels pouvaient être le meilleur alliage et la meilleure forme. Dès le moyen âge, on employa un alliage de cuivre et d'étain, plus tard on y ajouta du plomb, du zinc, du fer et de l'antimoine ; par des calculs et des observations successives, on s'est convaincu que le métal à base de cuivre (77 ou 80 o/o) et d'étain pur (20 ou 23 o/o) était le meilleur. Les cloches d'acier fondu fabriquées au XIXe siècle sont bien inférieures à celles de bronze au point de vue du son. Les formes données à la cloche ont également varié ; on leur a donné d'abord la forme d'une ruche, d'un pain de sucre et d'une poire, mais à partir du XIIIe siècle, on a donné à la base un plus grand évasement. — Le nombre des cloches s'est particulièrement accru à partir de l'époque carolingienne. Chaque église dut avoir au moins un de ces instruments dans son mobilier ; dès le XIIIe siècle, on mentionne des églises qui en possèdent deux. L'augmentation de nombre avait pour but de renforcer et de varier le son, on estima bientôt que la sonnerie de plusieurs cloches à la fois *(classicum)* constituait une manifestation de joie et de solennité qui convenait aux grandes fêtes de l'année. La diffusion des cloches en Italie et à Rome est attestée par ce que l'auteur du *Liber Pontificalis* raconte du pape Étienne II (752-757) : ce pontife aurait doté la basilique de Saint-Pierre d'une tour et y aurait fait installer trois cloches, L'indication a été jugée suspecte par les critiques (3). Mais ce qui donne à penser qu'il existait des cloches

(1) PERTZ, *Monumenta Germaniæ historica, Script.*, II, p. 744. — D. BOUQUET, *Recueil des historiens des Gaules*, t. V, p. 118.

(2) PERTZ, *opus. citat. Gesta abbatum Fontanellensium. Scriptor*, t. II, p. 284.

(3) *Liber Pontificalis*, édit. Duchesne, t. I, pp. 454 et 460.

dans cette région, c'est qu'au siècle suivant, Walafrid Strabon croyait pouvoir écrire que les cloches étaient d'origine italienne et venaient de Nole en Campanie ; d'autre part, on sait qu'au IXe siècle le doge de Venise, Ursus, envoya douze cloches à l'empereur Michel de Constantinople (1). Ce fut un événement considérable pour l'Orient où ces instruments paraissaient pour la première fois. — En Angleterre, comme dans les Gaules, les églises furent, dès le VIIIe siècle, pourvues de cloches de dimension considérable ; souvent elles étaient dotées par les princes, comme on le voit dans les siècles suivants. Ainsi en Cornouaille, une chapelle de saint Enodoch aurait eu une cloche avec le ncm gravé d'Alfred le Grand (849-901), on considérait cette cloche comme un don du prince lui-même (2) ; au Xe siècle on voit Æthelwold de Winchester (963-984) offrir à Peterborough dix cloches suspendues ; un don du même genre est fait au monastère de Saint-Pierre d'Exeter par Léofric, évêque de Créditon (3) (1046-1072). Il se peut que beaucoup de ces cloches ne fussent pas d'un volume aussi considérable, mais analogues à celles de nos carillons modernes.

2° *L'installation des cloches.* — Le VIIIe siècle dut connaître, ce semble, les premiers essais de clochers. Ce qui a fait suspecter la dotation faite par Etienne II à Saint-Pierre de Rome, c'est que la ville éternelle ne dut pas connaître les clochers avant le Xe siècle : la première mention est consignée paraît-il dans une inscription de 1061 à la basilique de Saint-Sylvestre, on y lit ces mots : *Turrim quam campanile dicimus* (4).

---

(1) BARONIUS, *Annales ecclesiastici*, a. 865, n° 101.

(2) E.-H.-W. DUNKIN, *The Church Bells of Cornwall*, London, 1878.

(3) BALDWIN BROWN, *The arts in early England*, vol. I, p. 339.

(4) MARUCCHI, *Eléments d'archéologie, I. Notions générales*, p. 254. — D'après FROTHINGHAM, *The monuments of Christian Rome, from Constantine to the Renaissance*, New-York, 1908, pp. 100 et 191, Etienne II aurait construit la tour de Saint-Pierre au VIIIe siècle, mais sans l'affecter à la destination de clocher ; ces derniers, à Rome, ne datent, dit-il, que du milieu du XIe siècle. Il faudrait donner une interprétation analogue à ce que le *Liber Pontificalis* dit du pape saint Léon IV (847-855), qui aurait doté l'église de Saint-André d'un clocher, et d'une cloche avec son marteau.

D'après Alcuin, il y avait au VIIIe siècle, en Angleterre et en Gaule, des appartements destinés aux
cloches. — Comment celles-ci y étaient-elles installées?
Grégoire de Tours donne à entendre qu'elles étaient
suspendues et mises en branle à l'aide d'une corde ;
d'autres documents portent à croire qu'elles étaient
disposées à la manière de nos carillons et qu'on les
frappait avec un marteau. Ainsi : un ancien psautier
du *British Museum, King's Library,* 20. B. K.,
XIe siècle, représente dans une miniature le roi David
tenant un marteau dans chaque main et ayant devant
lui une rangée de cinq cloches ; un manuscrit de la
Bibliothèque royale de Bruxelles (IXe ou Xe siècle)
donne un personnage assis et frappant avec des mar-
teaux sur une rangée de quatre cloches (1). —
Les cloches conservées dans les beffrois irlandais,
comme celles de la tour d'Armagh à la date de 1028,
peuvent avoir été un groupe d'objets de ce genre
suspendus à une barre dans la chambre la plus haute
de la tour, comme nous les voyons représentés dans
les manuscrits enluminés du IXe et du Xe siècle. Un manuscrit de saint Blaise écrit entre 800 et 900 présente le
dessin suivant : la barre qui soutient les cloches est
placée en travers d'une arche ronde supportée par des
piliers avec chapiteaux de type roman ; la petite tour
qui semble s'élever sur le chapiteau, sans que le dessi-
nateur se soit préoccupé de la perspective, était très
probablement destinée à représenter le beffroi renfermant les cloches. Ces tours sveltes, avec de petites
ouvertures et des toits coniques, puis surmontés d'une
croix, correspondent très bien aux *Irish Cloicthead.*
De ces documents, il est permis de conclure qu'avant
le XIe siècle les cloches furent sonnées à l'aide d'un
marteau ou maillet : on n'a pas de preuve, pour
l'Irlande et pour l'Espagne, qu'on se servit alors d'une
corde. C'est à cette même conclusion que nous amène
la description de la ville de Pôtes ; la tour de l'église
y est moins une tour proprement dite qu'un surélève-

(1) Lord DUNRAVEN, *Notes on Irish Architecture,* 2 vol. in-folio
édités par Miss Margaret Stokes, London 1875, t. II, p. 166.

ment du mur occidental avec larmier pour cloches :
un homme y monte pour sonner les cloches à la
main (1). — Quel était le mode d'installation et de
sonnerie des cloches en Angleterre ? Peut-être le carillon, peut-être le balancement à l'aide de cordes. On
le peut conjecturer assez difficilement de quelques
vers énigmatiques composés par Tatwin, archevêque
de Cantorbéry (731-734) sous le titre *Tintinno* :

> *Olim dictabar proprio cognomine Cæsar*
> *Optabantque meum proceres jam cernere vultum*
> *Nunc aliter versor superis suspensus in auris*
> *Et cæsus cogor late persolvere planctum,*
> *Cursibus haud tardis cum adhuc tunc turba recurrit*
> *Mordeo mordentem labris mox dentibus absque.*

Frappées ou balancées, les cloches suspendues au
milieu des airs lançaient au loin leurs accents. Le
poëte suppose ici que le bronze avec lequel on a fabriqué la cloche provenait de la statue d'un empereur
romain (2). A partir du IX<sup>e</sup> siècle les cloches sont par-
tout employées pour annoncer les services religieux ;
les règlements désignés sous le nom : *Excerptions of
Egbert* ordonnent à chaque prêtre de sonner les
cloches de son église aux heures convenables du jour
et de la nuit et de célébrer les saints offices ainsi
annoncés (3). Dans les Gaules, les tours d'églises
furent extrêmement rares avant le XI<sup>e</sup> siècle, mais leur
nombre s'accroît au XI<sup>e</sup> siècle et aux siècles suivants (4) ;
aux petits campaniles attenant aux églises ou placés
sur les combles succédèrent des constructions spéciales
placées tantôt au-dessus du transept, tantôt en avant
de la façade principale à droite et à gauche. Quelque-

fois, dans les campagnes, le clocher forme arcade au-
dessus du pignon de l'église (1).

3° *Les inscriptions des cloches*. — En terminant
cet article, disons un mot des inscriptions des cloches
anciennes. Du viii^e au xi^e siècle, les inscriptions sont
une exception et paraissent avoir été gravées sur la
cloche après sa fabrication. Voici ce que dit à ce propos M. Joseph Berthelé : une cloche refondue à Auxerre
en 1851 portait, paraît-il, l'inscription suivante :

*Campana N nola fui Formoso papa, Eudonio rege,*
 *Galtherio archiepiscopo SS. VCCCLXXXVIII :*

Campane et pas nole, j'ai été fondue, Formose étant
pape,
 Eudes roi, Gauthier archevêque de Sens, a 888.

Comme l'inscription n'a pas été estampée avant la
remise au fourneau, il est impossible de dire si elle
était fondue ou gravée, de l'époque carolingienne ou
d'une époque postérieure. Il est bien possible que dans
une refonte on ait reproduit la date de la cloche primitive sans insérer la date de la refonte. Comme les
premières inscriptions des cloches ne remontent pas
généralement au delà du xii^e siècle, il est possible aussi
que l'inscription ait été gravée après coup et qu'on y
ait inscrit ce que l'on savait sur la cloche primitivement fondue (2).


## Article II.

### Les cloches au XII^e et au XIII^e siècle.


L'intérêt historique des cloches à cette époque est
moins dans la diffusion considérable de ces instruments
que dans l'étude des inscriptions dont elles furent
ornées et dans les multiples usages auquel on les fit
servir.

1° *Inscriptions*. — Ces inscriptions permettent de

(1) Batissier, *Histoire de l'art monumental*, p. 559.

(2) J. Berthelé, *Enquêtes campanaires*, p. 509.

constater la plus ou moins haute antiquité des instruments ; encore faut-il apporter une grande attention dans le déchiffrement des dates. C'est à partir du XIIe siècle que l'usage des inscriptions sur les cloches s'établit et se généralise : très rares sont les spécimens de cloches plus anciennes sur lesquelles on a gravé quelques formules.

Une clochette à main irlandaise a pu être datée, grâce à une inscription qu'on a traduit ainsi : *une prière pour Chumascach, fils d'Aillil*. Comme ce personnage, administrateur de l'église d'Armagh mourut en 904, on en a conclu que la clochette appartenait probablement à la fin du IXe siècle. — Au musée de Cordoue est une autre petite clochette qui porte cette inscription :

*Offert hoc munus Sanson abbatis* (sic) *in domum sancti Sebastiani martyris Christi era* DCCCCLXIII.

Ce chiffre indique l'ère espagnole et correspond à notre année 925.

Le plus ancien spécimen d'un nom assigné à une cloche est celui qu'atteste celle fabriquée par ordre de Folcuin, abbé de Lobbes (965-990). Faut-il dire avec Baronius que la pratique de nommer les cloches commença en 968 sous le pape Jean XIII ? On n'en a pas de preuves péremptoires. Ce que l'on sait, c'est qu'après le XIe siècle, ces noms se trouvent généralement dans les inscriptions campanaires.

Parmi les plus anciennes cloches portant des inscriptions, il convient de mentionner la cloche de Fontenailles, actuellement au musée de Bayeux, elle est du XIIIe siècle (a. 1202) et pèse 230 kilogrammes. L'inscription composée des lettres : XV XR XIPAT MCCII a été interprétée ainsi :

*Christus vincit, Christus regnat, Christus imperat, anno millesimo ducentesimo secundo* (1).

M. Joseph Berthelé a établi un rapprochement entre cette cloche et une ancienne cloche du Poitou (sans

(1) A. de CAUMONT ; *Abécédaire d'Archéologie : Architecture religieuse*, p. 582.

date) découverte dans un ancien marais de Saint-Léger-de-Montbrun (Deux-Sèvres) (1). De la même époque était une cloche de l'abbaye de Moissac, refondue en 1845. On a estampé l'inscription avant de la détruire, et cette inscription, merveilleuse page d'épigraphie campanaire, nous renseigne sur l'âge et le nom de cette cloche. En première ligne une croix et un médaillon, puis les mots : *Salve regina mater misericordiæ ;* au milieu du médaillon, sous un dais porté par deux colonnettes, l'apôtre saint Paul, ou peut-être saint Pierre (des clefs au lieu d'une épée). Entre les mots *Salve* et *Regina,* un autre médaillon renfermant une clochette entourée d'un cordon quadrilobé (peut-être le sceau du fondeur). Après le mot *Regina,* une tête humaine entourée d'ailes enlacées ; enfin après le mot *misericordiæ,* une jolie petite vierge tenant l'Enfant Jésus. — La deuxième ligne de l'inscription générale portait ces mots :

*Anno Domini millesimo CCLXX tercio Gaufridus me fecit et socios meos Paulus vocor* (2).

N. B. — Le déchiffrement des dates dans les inscriptions de cloches peut donner lieu à des méprises. M. Joseph Berthelé fournit à ce sujet deux ou trois exemples caractéristiques : la cloche d'Ornolac (Ariège) a été présentée comme huit fois séculaire ; de fait le millésime 1079 sur lequel on s'appuie doit se lire 1679 ou même 1709, ce qui rajeunit singulièrement la cloche. L'emploi des chiffres arabes dans l'épigraphie campanaire se prête à des erreurs de ce genre, il n'y a pas beaucoup de différence entre 0 et 6, un déplacement de chiffres peut se produire aisément. — A Larroque d'Olmes, on était persuadé que la vieille

<br>

(1) J. Berthelé, *Enquêtes Campanaires,* 1. vol. in-8, pp. 81-82.

(2) C. Sauvageot, *Etude sur les Cloches.* Lettre à M. Didron, directeur des *Annales archéologiques,* 1 fasc., in-4° de 36 pages. On pourrait donner d'autres exemples des inscriptions de cette époque. Une cloche de Diemeringen (Bas-Rhin) refondue en 1852, était, paraît-il, du commencement du XIIIᵉ siècle. Il y avait dans l'inscription un singulier mélange d'hébreu, de grec et de latin. J. Corblet ; *Notice historique et liturgique sur les Cloches.* Art chrétien, 1857, p. 54.

cloche remontait au ive siècle ; en réalité elle est du xive (a. 1385). A Saumanes (Vaucluse), un *lapsus* du fondeur a fait considérer la cloche comme portant la date de 910, tandis qu'elle a été fondue seulement en 1410 (1). Pour se mettre en garde contre de semblables erreurs, il importe de bien considérer que, si les chiffres arabes furent connus en Occident dès la fin du xe siècle, ils ne furent employés dans les livres de mathématiques qu'à partir du xiie et ne se rencontrent pas ailleurs avant le xve siècle, sinon d'une façon exceptionnelle : ils ne paraissent dans les inscriptions de cloches qu'à partir du xvie siècle (2).

2° *Usage des Cloches.* — Nous exposerons avec plus de détails dans la deuxième partie de cet opuscule les multiples usages religieux des cloches ; disons seulement ici qu'on employait ces instruments pour annoncer les offices solennels, comme la messe, les vêpres, les laudes. A cet effet, chaque église voulut avoir différentes cloches, tant pour distinguer les offices que pour marquer les classes de personnes à convoquer (simples fidèles ou membres du clergé). Celle qui dominait toutes les autres par la grosseur et par la gravité du son était nommée le *Bourdon ;* une cloche plus petite appelée *coquée* servait à annoncer les laudes (matines) au chant du coq. Il y eut aussi divers modes de sonnerie pour marquer la tristesse ou la joie ; le carillon servit à traduire ce dernier sentiment.

Exceptionnellement, les cloches furent employées à des usages profanes. D'ordinaire le clergé permettait aux consuls de la ville de placer dans une des tours de l'église le Beffroi, la chambre du guetteur de nuit, la cloche de la commune. Cette cloche servait à convoquer les magistrats et à sonner le tocsin en cas d'alarme : de là, cette inscription lue sur une cloche de l'église de Pontoise : *Unda, unda, unda, unda, unda, unda, unda, accurrite cives,* pour indiquer que cette cloche était sonnée en cas d'incendie (3).

---

(1) J. Berthelé, *Ouvrage cité,* pp. 337, 349, 357.
(2) Reusens, *Eléments de paléographie.*
(3) Batissier, *Histoire de l'art monumental,* p. 593.

## Article III

## Les cloches depuis le XIVe siècle jusqu'à nos jours.

Nous nous bornerons dans ce dernier article à donner quelques renseignements sur les fondeurs de cloches, les inscriptions campanaires et les types des cloches les plus remarquables. Des ouvrages d'un caractère spécial ont été composés sur ce sujet dans ces dernières années ; nous y renvoyons les spécialistes ; un des grands campanologistes contemporains, M. Joseph Berthelé vient de fonder une revue trimestrielle consacrée à ce genre d'études (1).

1° *Fondeurs de cloches*. — Dans le cours du moyen âge, la fonte des cloches se faisait presque toujours dans les monastères et l'opération exécutée par les moines était accompagnée de cérémonies religieuses : il y eut aux xe, xie et xiie siècles, des fonderies florissantes dans certaines abbayes. Cependant quelques laïques s'en occupèrent même sous les Carolingiens ; puis à partir du xiiie siècle, on vit s'établir des corporations de fondeurs de cloches, dont les membres voyageaient de ville en ville pour recevoir les commandes, soit des églises, soit même des monastères. Dès lors, la fonderie des cloches fut l'apanage de certaines familles où l'on se transmettait l'industrie de père en fils. Dans une série d'opuscules ou dans des articles de revues, M. Joseph Berthelé a signalé les familles qui se sont distinguées dans cet art, aux xive, xve, xvie siècles, comme les fondeurs ambulants du Bassigny, les André, fondeurs de cloches à Colmar, la famille Cavillier et les fonderies de cloches à Carrépuits, Solente, etc. (2). — La fonte se faisait parfois

_______________

(1) *Ephemeris campanographica*, recueil trimestriel commencé en mars 1910.

(2) *Opuscules campanaires*, Caen, 1907. — Articles dans les *Annales de l'Académie royale d'Archéologie de Bruxelles*, a. 1905, t. VI, pp. 465 et 618 ; dans la *Revue d'Alsace*, a. 1905, t. VI, p. 461.

dans les ateliers, le plus souvent, surtout dans les premiers temps, à la localité où devait être installée la cloche, près de l'église, sur la place publique, et *coram populo*. Elle pouvait donner lieu à de pénibles désappointements et l'on a cité des fondeurs qui sont morts de chagrin pour n'avoir pas réussi. Jehan le Machon qui fondit, en 1501, la célèbre cloche de Rouen appelée Georges d'Amboise, du nom de son donateur, mourut de fatigue vingt-huit jours après la coulée de son bourdon. De telles infortunes ont donné lieu au proverbe : *étonné ou penaud comme un fondeur de cloches* (1).

2° *Inscriptions campanaires.* — Jusqu'à la fin du xiv<sup>e</sup> siècle, on fit usage des majuscules romanes, puis gothiques ; les minuscules leur furent substituées pendant un siècle et demi (c'est-à-dire jusque vers 1550). Après cette dernière date, on s'est servi des caractères modernes (2). Le latin a été exclusivement employé jusqu'à la fin du xiv<sup>e</sup> siècle.

A partir du xv<sup>e</sup> siècle, les inscriptions sont souvent en langue vulgaire ; dans les temps modernes on les a considérablement allongées en y mentionnant toutes sortes de détails (3). Les anciennes inscriptions sont plus simples ; on y lisait la dédicace de l'instrument, son nom, une formule de prière, la date. — Voici, à titre d'exemple, quelques inscriptions.

*In nomine Domini, etc...*

*O Rex gloriæ Christe, veni cum pace.*

*Protege prece pia quos convoco Sancta Maria.*

*Ora mente pia pro nobis Virgo Maria.*

D'autres fois la formule indique les divers usages

(1) J. CORBLET, *ouvrage cité. Revue de l'Art Chrétien*, a. 1857, t. I, p. 221.

(2) La cloche d'Halfort (*Warwickshire* en Angleterre) que l'on croit être du commencement du xiv<sup>e</sup> siècle, porte l'inscription : *Agios in honore S. Johannis Baptistæ sum renovata.* C'est peut-être le seul exemple d'un mot grec employé dans les inscriptions campanaires. — Rev. H. T. TILLEY et H. B. WALTERS, *The Church Bells of Warwickshire*, 2 vol. in-4° illustrés.

(3) Note de M. Didron sur la cloche de la nouvelle église de Sainte-Clotilde, à Paris.

de la cloche : *Vivos voco, mortuos plango, fulmera frango.* — Une cloche du xv° siècle dans l'église d'Ax (Ariège) porte l'inscription : *Ave Maria gracia plena, Dominus tecum, benedicta tu in mulieribus et benedit,* a. MLCCLXII. — La date pourra se lire 1442 ou 1462, suivant que la lettre L, déplacée par une méprise du fondeur, sera reportée avant ou après X. — Deux cloches du xvi° siècle, de la cathédrale de Pampelune, ont des inscriptions tirées des psaumes :

> *Laudate Dominum in cymbalis bene sonantibus.*
> *Omnes gentes plaudite manibus.*

Une cloche du xvii° siècle porte le résumé de ses péripéties :

> *Rupta bis ante fui, nunc integra reddita cantem*
> *Magno IgnI LIquefaCta Deo reparata benIgno*

les capitales du deuxième vers donnent comme millésime MDCLIIII.

Avec les inscriptions des cloches de Saint-Pierre de Rome qu'on peut lire dans A. Rocca ou Cancellieri, on a l'histoire résumée de leurs refontes successives (1).

3° *Types des cloches les plus remarquables.* — Au xiii° siècle, on considérait comme extraordinaires les cloches qui pesaient quatre mille livres (2). Mais au xv° siècle, ces instruments prirent une ampleur remarquable ; il n'est pas toujours facile d'en juger d'après l'estimation du poids, car on l'a parfois exagéré. Aussi faudra-t-il accepter sous bénéfice d'inventaire le tableau des plus grosses cloches rangées d'après leur poids par M. Jules Corblet : sur 39 cloches mentionnées, 22 atteignent ou dépassent chacune 10.000 kilos, les autres ont un poids qui varie de 10.000 à 5.000 kilos ; les plus considérables sont celles du Kremlin à Moscou, 201.266 kilos, et de Trotskoï près Moscou, 175.000 kilos (3).

---

(1) A. ROCCA, *De Campanis Commentarius*, t. I des Œuvres, p. 172. — CANCELLIERI, *De tintinnabulis templi Vaticani recens iterato translatis.*

(2) Dans les siècles qui précédèrent, on peut signaler comme remarquables par leur grosseur au xi° siècle, la cloche d'Orléans donnée par le roi Robert, la cloche d'Hildesheim appelée la *Cantabona.*

(3) *Revue de l'Art chrétien*, a. 1857, t. I, pp. 222-223.

Ce qui peut donner tout aussi bien une idée de la grosseur de ces cloches, c'est le nombre d'hommes nécessaire pour les mettre en branle, dans un temps où les moyens de suspension n'avaient pas atteint la perfection réalisée de nos jours. D'après Ellacombe, il fallait à Cantorbéry 24 hommes pour sonner la grosse cloche et 63 hommes au total pour les cinq cloches. Pour la Georges d'Amboise de Rouen, il fallait 16 hommes. La deuxième cloche de Rouen, qu'on appelait la Rigault, du nom de son donateur, occasionnait beaucoup de peine aux sonneurs et pour réparer leurs forces épuisées, ils se rafraîchissaient largement : c'est ce qu'ils appelaient : *boire à tire la Rigault*. L'expression a passé dans le langage populaire pour exprimer l'action de boire beaucoup et à longs traits. — Ces deux dernières cloches ont malheureusement été détruites, la première fut convertie en canons en 1793. La cloche du beffroi de Rouen, fondue en 1260 par Jehan d'Amiens, a eu un meilleur sort et a été conservée. — Les cloches les plus remarquables de nos jours sont, en Angleterre, celles de Westminster et de Saint-Paul de Londres, celle de la cathédrale de Cologne, fabriquée avec les canons pris aux Français, la Savoyarde de Montmartre à Paris, don de la Savoie à l'église du Sacré-Cœur.

# DEUXIÈME PARTIE

## Étude Liturgique et Symbolique

———

### CHAPITRE PREMIER

#### Les Cloches dans la Liturgie

———

La cloche, ayant pris rang parmi les objets du culte, tout en restant susceptible d'être employée exceptionnellement à des usages profanes, il convenait que l'Eglise lui donnât une sorte de consécration, déterminât les usages multiples de cet instrument dans la célébration de la sainte liturgie et la sanctification des divers âges de la vie chrétienne, cherchât enfin des explications symboliques à ses divers emplois. Nous allons résumer, en deux chapitres, les enseignements qui se dégagent de la pratique liturgique concernant les cloches et du symbolisme de ces instruments.

Le premier chapitre comprend trois articles : Bénédiction ; Usages liturgiques ; Dispositions canoniques concernant les cloches.

### ARTICLE PREMIER

#### Bénédiction des Cloches.

Le terme de *Bénédiction* est celui qui correspond aux plus anciennes rubriques des Sacramentaires. *Ad signum ecclesiæ benedicendum,* lisons-nous dans le Sacramentaire de Gellone, document du VIIIe siècle.

L'Église n'a jamais employé l'expression : *Baptême des Cloches*, communément admise dans le langage vulgaire, parce qu'il n'y a pas là un baptême dans le sens théologique de régénération de l'âme par la rémission du péché ; elle n'a pas cru d'ailleurs devoir corriger ce langage parce que le mot *baptiser* est susceptible de recevoir le sens large de *laver, purifier*, et que dans la cérémonie dont nous allons donner la description, il y a une représentation des signes et des symboles du baptême (1). C'est donc bien à tort que les Réformateurs, à la suite de Luther, ont crié au scandale, prétendant que la Bénédiction des Cloches était une dérision et une profanation du Sacrement ; l'on s'étonne que des contemporains n'aient pas encore aperçu la méprise (2).

I. *Antiquité du rite primitif et additions successives.* — On a cru, pendant longtemps pouvoir en attribuer les origines au pape Jean XIII (965-972) ; mais, dit Suarez, beaucoup d'auteurs estiment avec raison le rite plus ancien. Alcuin écrivait en 770 que ce rite n'était plus nouveau de son temps (3) ; Charlemagne de son côté fait allusion à cette pratique mais pour la prohiber : *Ut cloccas non baptizent.* Ce texte des Capitulaires (du 28 mars 789) a mis les critiques dans un certain embarras. Le R. P. Thurston l'explique en disant que l'empereur et ses conseillers visent ici certaines cérémonies supplémentaires ajoutées alors au rite de la bénédiction des cloches, et plus ou moins semblables au rite baptismal (4). Mais d'après le dernier

(1) On s'est aussi servi du mot *Baptême* pour la *dédicace des églises :* Voir Yves de CHARTRES, *Sermo de Sacram. dedicationis. P. L.,* t. CLXII, col. 527. — BENOIT XIV, *Institutiones ecclesiasticæ,* t. X, p. 223-225. — THURSTON, *The Month,* sept. 1907 ; VACANDARD, *Le Baptême des Cloches,* dans *Rev. du Clergé français,* a. 1908, t. LIV, pp. 257-260. — D. MARTÈNE, *De Antiquis ecclesiæ ritibus,* t. II. p. 296.

(2) Tels, par exemple, RAVEN, *The Bells of England,* et l'article : *Bells* dans *Chamber's Encyclopædia.*

(3) *Neque novum videri debet campanas benedicere et ungere eisque nomen imponere.* Il semble pourtant que ce texte n'est pas d'Alcuin quoi qu'en ait dit D. MARTÈNE, *op. citat.,* t. II, p. 828. Le R. P. THURSTON déclare ne l'avoir pas trouvé à la référence indiquée : *De Sabbato Sancto Paschæ.* M. VACANDARD, paraît-il, n'a pas été plus heureux.

(4) H. THURSTON, art. *Bells,* dans *The Catholic Encyclopædia,* vol. II, p. 421.

éditeur des Capitulaires, il s'agit tout simplement de clochettes que les fidèles faisaient bénir comme un préservatif contre la grêle ; le contexte indique que l'empereur vise une pratique superstitieuse, car il ajoute qu'on ne doit pas non plus employer des paroles magiques attachées à des perches (1).

De fait, il faut chercher jusque dans le VII\ :superscript siècle les origines de la bénédiction des cloches, mais, comme nous le verrons tout à l'heure dans l'exposé du rite, il n'y a rien qui puisse suggérer l'idée d'un baptême ; cette idée se fit jour dans les additions ultérieures. Le *Liber ordinum,* qui renferme la liturgie d'Espagne au VII\ :superscript siècle, fournit le texte le plus ancien que l'on connaisse pour la bénédiction des cloches d'une église. Sous ces titres : *Exorcismus ad consecrandum signum basilicæ,* et *Benedictio ejusdem,* on y lit des formules qui ne se rencontrent pas ailleurs ; elles sont destinées à l'exorcisme et à la bénédiction d'une cloche assez puissante pour se faire entendre au loin (2). — Un siècle plus tard, les Celtes et les Francs ajoutent à l'exorcisme et à la simple bénédiction du rituel espagnol les rites de la lustration et de l'onction : c'est ce qu'attestent le Pontifical d'Egbert et le Sacramentaire de Gellone (3) ; puis, aux X\ :superscript et XI\ :superscript siècles, le Bénédictional de l'archevêque Robert, le Pontifical de Jumièges ou *Lanaletense* (4).

Encore dans ces documents ne trouve-t-on pas la mention d'un nom imposé à la cloche : Baronius avait affirmé que les anciens rituels en parlaient (5) ; pour rencontrer ce détail, il faut arriver aux pontificaux de Noyon (vers 1100), de saint Remy de Reims (vers 1200) : ce dernier remarque que l'addition est

---

(1) *Monumenta Germaniæ historica,* n. 4, p. 64.

(2) D. FÉROTIN, *Liber ordinum,* dans *Monumenta liturgica,* t. V, p. 159-160.

(3) Ajouter aussi l'*Ordo Romanus* de Hittorp que des auteurs veulent faire remonter au temps de Charlemagne. Voir l'opuscule : *Le Cérémonial,* p. 22.

(4) Sur ces documents, voir l'opuscule : *Le Pontifical,* p. 35.

(5) *Annales ecclesiastici,* a. 978.

facultative (1). — D'après le moine Helgaud, un nom fut imposé à la plus belle des cloches donnée par le roi Robert à l'église de Saint-Aignan d'Orléans (996-1031) (2) ; c'est avec le cas cité par Baronius à propos du pape Jean XIII, la seule attestation d'un nom imposé aux cloches, soit en Gaule, soit à Rome, avant le XII° siècle. L'usage de donner aux cloches des parrains et marraines est attesté par le *Pontifical de Sarum* dont le plus ancien manuscrit remonte au XII° siècle. — Il est impossible de déterminer la date de l'innovation plus grave qui assigna une formule spéciale pour l'onction des cloches (3) ; Dom Martène dit la formule très ancienne sans préciser davantage (4).

Un esprit non prévenu reconnaîtra aisément dans toutes ces additions les différences essentielles qui empêchent de considérer la bénédiction des cloches comme un véritable baptême : la formule d'onction n'est que déprécatoire et se rencontre en beaucoup d'autres simples bénédictions, la formule trinitaire est prononcée non pas au moment de la lotion mais au moment de l'onction. Le *Pax tibi* du Pontifical romain rappellerait plutôt le *Pax tecum* de la Confirmation prononcé par l'évêque quand il congédie le confirmé en lui donnant un soufflet. Tout au plus peut-on voir

---

(1) « *Impone et nomen, si velis* ». Voir D. MARTÈNE, *De Antiquis Ecclesiæ ritibus*, lib. II, c. 21, t. II, p. 297. — Egalement D. MÉNARD, *Notes sur le Sacramentaire grégorien dans P. L.*, t. LXXVIII, col. 427. Le Pontifical de Reims dit qu'on nommera la cloche cinq fois avant de commencer, puis trois fois au moins pendant la cérémonie.
Il y a dans le même pontifical une formule de bénédiction pour la fonte de la cloche, une autre pour la tour où sont les cloches. — D'après Catalani, l'usage de bénir les cloches remonterait plus haut ; dans le *Chronicon Cassinense*, liv. III, 30, il est dit que quand le pape Alexandre II (1061-1073) dédia l'église du Mont-Cassin, construite sous l'abbé Didier, on consacra aussi le clocher en plaçant diverses reliques aux quatre angles. Dom Martène donne même à entendre qu'on y érigea des autels, dont un en l'honneur de saint Michel. — Voir D. MARTÈNE, *De antiquis ecclesiæ ritibus*, lib. II, c. 22, t. II, pp. 297-298. — CATALANI, *Pontificale Romanum*, t. II, p. 491.

(2) D. MARTÈNE, *loc. citat.*, t. II, p. 297.

(3) La formule est : *Consecretur et sanctificetur tintinnabulum istud in honorem sancti N. In nomine Patris et Filii et Spiritus Sancti.* Le Pontifical romain ajoute : *Pax tibi.*

(4) Voir D. MARTÈNE, *ibid.*

un Sacramental dans la bénédiction des cloches telle qu'elle se pratique de nos jours.

Un rituel du diocèse de Cologne, daté de 1500 (1), donnerait raison aux récriminations protestantes, s'il représentait vraiment l'usage de l'Église catholique : mais il s'en faut de beaucoup qu'il en soit ainsi. Après avoir dit que le peuple doit assister dévotement à cette cérémonie et que les parrains doivent être présents, le document ajoute : « Les prêtres seront en aube et en étole. On bénira le sel et l'eau comme de coutume, on y mêlera une petite fiole d'eau de source et une pincée de cendres des rameaux bénits le dimanche des Palmes. Cette eau sera réservée pour la bénédiction des cloches. » Il y aura procession du Très Saint-Sacrement avec reliques, bannières et croix, le chœur chantera le répons : *Benedic, Domine, domum istam* ; on lira les sept psaumes de la Pénitence, puis les psaumes 71, *Deus judicium tuum regi da* ; 66, *Deus misereatur nostri* ; 99, *Jubilate* ; 84, *Benedixisti* ; 148, *Laudate Dominum de cælis* ; le symbole *Quicumque* avec les litanies. — Arrivé près de la cloche, le chœur dira trois fois : *Ut campanam istam nomini tuo præparatam benedicere et consecrare digneris, te rogamus audi nos.* Cela fait, on lira les quatre évangiles (2) (c'est-à-dire le commencement), puis on procédera à l'exorcisme comme pour les enfants ; les parrains répondront en prononçant le nom de la cloche. — Suivent l'oraison : *Deus Abraham* ; l'exorcisme : *Ergo, maledicte diabole,* puis trois fois la formule : *Exorcizo te, immunde spiritus,* avec la conclusion : *Ergo maledicte...* comme ci-dessus. On récitera ensuite *Pater* et *Credo.* Le consécrateur prendra l'huile sainte, fera une onction en forme de croix, à chacun des quatre coins de la cloche, une cinquième *in loco pulmentarii* ; il essuiera les endroits de l'onction avec un linge ; les parrains tiendront la corde. On suspendra ensuite la cloche un peu au-

---

(1) Edité par Schœnfelder, *Liturgische Bibliothek*, Paderborn, 1904.

(2) La lecture des Evangiles était pratiquée dans les Baptêmes d'après les Anciens Sacramentaires.

dessus du sol ; et le consécrateur dira : Quel nom désirez-vous lui donner? Les parrains répondront : N. ; aussitôt le consécrateur dira : *Et ego te N. baptizo in nomine Patris et Filii et Spiritus sancti ut sis ad laudem omnipotentis Dei matrisque suæ...* ; puis avec le Saint-Chrême, il fera une croix à l'extérieur sur les oreillettes de la cloche en disant : *Et ipse D. N. J. C. te liniat...* La cloche sera ensuite lavée avec de l'eau bénite et du vin ; on l'essuiera, on fera une fumigation avec l'encensoir pendant que le prêtre dira : *Sit vasculus iste, Domine Jesu Christe, tibi in laudem...* Enfin on chantera le *Te Deum* avec le *Salve Regina*.

Ainsi donc nous avons ici le rite du baptême littéralement appliqué à la bénédiction des cloches, y compris la formule sacramentelle : *Ego te baptizo...* Malheureusement pour nos adversaires, ce Rituel n'a aucun caractère officiel ; il est émaillé de fautes d'impression, ne ressemble en rien aux Rituels de Cologne de 1480 et de 1520 qui l'encadrent par leurs dates; de plus, il attribue aux simples prêtres le rôle de ministres dans la bénédiction des cloches tandis que tous les Rituels connus réservent cette fonction aux Evêques. Qu'il y ait eu au XVIᵉ siècle des abus introduits dans cette partie du Pontifical, c'est possible : il ne faut pourtant pas s'en autoriser pour incriminer la pratique de l'Eglise romaine d'alors et celle de nos jours.

II. *Exposé du rite de la bénédiction des cloches.* — 1. Le *rite primitif* au VIIᵉ siècle, d'après le *Liber ordinum* : toute la cérémonie se réduit à une formule d'exorcisme et une prière de bénédiction. Dans la première, par la vertu du Christ, on chasse le démon d'un métal que Dieu a doué d'une sonorité puissante afin que ce métal puisse être consacré au culte du Seigneur. Dans la prière de bénédiction se lit au début une allusion aux trompettes de l'Ancienne Loi employées pour la convocation du peuple aux réunions religieuses, pour l'annonce du départ dans la marche vers la terre promise, pour le signal du combat contre les nations païennes : on rappelle également les clochettes suspendues à la robe du grand prêtre. Les unes et les autres avaient été préparées par ordre de

Dieu. Puisse la bénédiction divine communiquer aux instruments de la Loi nouvelle la vertu de convoquer les chrétiens à l'église, de les y réunir pour la louange du Seigneur et l'audition de la parole sainte, de les détourner du mal, de les remplir de consolation et de force. Ces cloches bénites serviront de gage pour l'accomplissement des promesses du Seigneur après le déluge, balancées dans les airs, elles marqueront la cessation des châtiments encourus et des fléaux occasionnés par le péché. — Ces rapprochements avec les instruments de l'Ancienne Loi indiquent les effets surnaturels produits par l'usage de la cloche.

2. *Le rite de l'Angleterre et des Gaules, entre le* VIIIᵉ *et le* XIᵉ *siècle* (1). La cérémonie comprend : A. *Une bénédiction de l'eau* avec la formule : *Benedic, Domine, hanc aquam* du Pontifical romain actuel. — B. *Le chant des Psaumes 145 et suivants* jusqu'à la fin du psautier : pendant ce chant on lave la cloche avec l'eau bénite (après mélange d'huile et de sel). On ajoute l'oraison : *Deus qui per Moysen legiferum tubas...* puis on essuie la cloche. — C. *Le chant des versets : Vox Domini super aquas* et du ps. 28 : *Afferte Domino...* dans son entier : après le psaume, le Pontife fait les onctions avec le Saint-Chrême, sept à l'extérieur de la cloche et quatre à l'intérieur (2); ces onctions sont suivies de l'oraison : *Omnipotens sempiterne Deus...* — D. *La fumigation d'encens* sous la cloche pendant laquelle on chante l'antienne : *Deus in sancto* et le ps. 76 : *Viderunt te aquæ;* on termine par l'oraison : *Omnipotens Dominator Christe* (3).

3. *Le rite actuel d'après le Pontifical romain.* — A. Il y a des *prières préparatoires* dont aucune men-

(1) D'après le Pontifical d'Egbert et le Sacramentaire de Gellone : la formule de bénédiction de l'eau est un peu défigurée dans le Gellone.

(2) D'après le Pontifical actuel, comme on va le voir, ces onctions sont précédées d'une onction avec l'huile des infirmes.

(3) Dans le Bénédictional de l'archevêque Robert, on indique une antienne pour les psaumes 145 et suivants. Elle est ainsi conçue : *In civitate Domini clare sonant jugiter organa sanctorum, ibi cinnamomum et balsamum odor suavissimus qui ad Deum pertinet, ibi angeli et archangeli ymnum novum decantant ante sedem Dei, alleluia.* Edition H. Wilson, p. 103.

tion n'est faite dans Egbert et Gellone : ce sont les sept psaumes suivants : Ps. 5o, 53, 56, 66, 69, 85 et 129 (un ancien *Ordo Romanus* dit même qu'on les faisait précéder des litanies des saints). Une curieuse rubrique du Rituel de Liége veut que le Consécrateur et les assistants nomment cinq fois la cloche avant de commencer la cérémonie (1). Pour la bénédiction de l'eau, entre les formules bien connues (exorcisme et prière pour le sel et l'eau) et l'oraison : *Deus invictæ virtutis auctor,* qui suit le mélange, on a intercalé l'oraison du Pontifical d'Egbert : *Benedic, Domine, hanc aquam...* Cette prière pourrait parfaitement s'appliquer à la lotion de la cloche qui se fait un peu plus tard ; on l'a néanmoins maintenue à cette place ; elle énumère les effets de la bénédiction de l'instrument ; *a)* éloigner l'ennemi du salut ; *b)* empêcher les troubles causés dans la nature par la foudre, les tempêtes, les orages ; *c)* accroître l'esprit de dévotion dans les chrétiens et convoquer à la prière dans le temple du Seigneur. — B. Vient la *lotion de la cloche :* pendant que le Pontife, assisté de ses ministres, lave la cloche et l'essuie tant à l'intérieur qu'à l'extérieur, il récite le psaume 145 : *Lauda anima mea Dominum* et ceux qui suivent jusqu'à la fin du psautier ; le chœur chante ces mêmes psaumes. C'est une invitation adressée à tous les éléments de la nature pour qu'ils célèbrent par leurs louanges celui qui a exalté la puissance de son peuple : ainsi fera la cloche quand elle portera sa voix à ces éléments divers. N'a-t-on pas exprimé son rôle dans ces deux vers bien connus ?

> *Laudo Deum verum, plebem voco, congrego clerum,*
> *Defunctos ploro, nimbum fugo, festaque honoro.*

— C. *Onction de la cloche :* le Pontife commence par faire une onction à l'extérieur de la cloche avec l'huile des infirmes et récite l'oraison : *Deus qui per beatum Moysen legiferum...* où se trouve rappelé en d'autres termes le rôle de la cloche pour la convocation des fidèles à l'église, la mise en fuite des puissances

(1) Catalani, *Pontificale Romanum,* t. II, p. 495 et suiv.

infernales, etc. La première onction essuyée, le chœur entonne et chante l'antienne : *Vox Domini* avec le psaume 28 : *Afferte Domino...* et le pontife prenant le Saint Chrême fait sept onctions à l'extérieur, quatre à l'intérieur de la cloche. Chaque fois il répète la formule : *Sanctificetur et consecretur, Domine, signum istud. In nomine Patris et Filii et Spiritus sancti. In honorem Sancti N. Pax tibi.* Nous avons remarqué que cette formule a un autre caractère que celle du baptême : elle marque simplement ici que l'instrument est destiné au culte divin. La prière : *Omnipotens sempiterne Deus qui ante arcam,* inspirée des paroles du psaume 113 : *In exitu...* nous apprend qu'il faut attribuer, non au son de l'instrument, mais à la puissance de Dieu lui-même, les effets qui accompagnent le son d'un vase consacré au Seigneur : *Non nobis, Domine, non nobis...* — D. *Fumigation.* Pendant qu'on fait monter dans l'intérieur de la cloche l'encens bénit par le prélat, le chœur chante l'antienne : *Deus in sancto via tua* et le psaume 75 : *Viderunt te aquæ.* Le chant terminé, le pontife dit l'oraison : *Omnipotens dominator Christe.* Cette pièce contient une allusion à Notre-Seigneur endormi sur la barque pendant que sévissait la tempête, puis calmant les flots par son ordre souverain ; une allusion aussi à la harpe de David calmant Saül, à l'agneau immolé par Samuel pour apaiser le Roi immortel des siècles, qu'ainsi le son de cette cloche soit une protection pour l'assemblée des fidèles. — E. Une dernière cérémonie est ajoutée par le Pontifical romain ; on ne la trouve dans aucun des anciens documents. Un diacre en dalmatique blanche vient *chanter le passage évangélique* de Marthe et Marie donnant l'hospitalité à Jésus (S. Luc, ch. x, 38-42), de Marthe affairée et de Marie plongée dans la contemplation. Puis le Pontife consécrateur baise le livre des Évangiles présenté par le sous-diacre, fait un dernier signe de croix sur la cloche bénite et se retire. Catalani estime que ce rite fut introduit à l'époque de Guillaume Durand, vers le xiiie siècle : aucun document antérieur à cette date n'en fait mention. La raison pourrait en être, ajoute Catalani, qu'il est parlé dans ce passage évangélique de l'audition de la parole divine et de l'esprit de méditation auxquels la cloche nous invite : cet instrument serait donc identifié avec la vie contemplative. D'autres auteurs n'ont pas cru devoir attribuer à la cloche un rôle aussi noble, si l'on en juge par l'anecdote qui suit : On raconte, dans la vie de saint Ignace, que saint Philippe de Néri, encore laïque, travaillait par ses exhortations à recruter des sujets pour la Compagnie de Jésus, mais ne voulut jamais, malgré les instances d'Ignace, se décider à y entrer lui-même. Sur quoi, le saint fondateur donna à Philippe le surnom de cloche ; de même, disait-il, que cet instrument convoque le peuple à l'église et demeure dans sa tour, ainsi Philippe envoie les autres dans le cloître et demeure lui-même dans le siècle.

N. B. — Remarquons, en terminant, que le Pontifical Romain ne fait aucune allusion aux parrains et marraines, au revêtement de la cloche dont parlent certains rituels particuliers.

4. D'anciens Rituels, tolérés par Paul V (1605-1621), contenaient une formule de bénédiction de cloches pour les cas où cette bénédiction était faite par un simple prêtre. Des rituels plus récents (l'édition de Malines de 1872 par exemple) l'ajoutèrent en appendice sous la rubrique : *Benedictio simplex novæ campanæ quæ tamen ad usum Ecclesiæ non inserviat.* Les rédacteurs de cette rubrique n'ont pas pris garde aux expressions de l'oraison : *Deus qui per beatum Moysen,* qui, dans cette bénédiction, est à peu près identique à celle de la bénédiction par un évêque et contient notamment les mots : *ut per illius tactum et sonitum fideles invitentur ad sanctam ecclesiam.* — La Sacrée Congrégation des Rites, en 1892, ayant à approuver une formule pour la bénédiction de cloches autres que les cloches d'églises (cloches d'écoles et de communautés par exemple) élimina les oraisons où pareilles expressions se rencontraient. — En 1908, la même Congrégation a jugé bon d'autoriser une formule de bénédiction de cloches par un simple prêtre muni

d'une simple délégation épiscopale : elle a repris la formule des anciens rituels. Cette formule comprend les sept psaumes du début comme au Pontifical Romain ; *Kyrie, Pater noster ;* versets : *Sit nomen Domini,* oraison : *Deus qui per beatum Moysen ;* l'aspersion et l'encensement de la cloche comme dans les bénédictions ordinaires des objets ; enfin l'oraison : *Omnipotens dominator Christe,* après laquelle le prêtre ajoute : *In honorem sancti N.* (le nom de la cloche) forme un signe de croix et se retire. Une cloche ainsi bénite peut dans la suite recevoir la bénédiction de l'Évêque suivant le rite du Pontifical (1).

ARTICLE II. — **Usages liturgiques des cloches.**

Ces usages se sont multipliés dans la suite des temps, il en est qui sont spéciaux à certaines contrées. L'exposé que nous voulons faire ici en quelques pages ne les comprendra pas tous ; nous nous bornerons à ceux qui sont plus généralement répandus. Ces derniers n'ont pas tous la même origine et remontent plus ou moins haut dans le passé ; il est difficile de les présenter d'après l'ordre chronologique de leur apparition. Nous croyons préférable de les grouper sous quelques titres indiquant l'objet de la sonnerie.

I. *Sainte Messe et offices de l'Église.* — Nous le savons déjà, l'usage primitif des cloches, lorsque prit fin l'ère des persécutions, fut de convoquer prêtres et fidèles à l'église où se célébrait la sainte liturgie. La pratique adoptée d'abord dans les monastères, se propagea ensuite dans les églises de paroisse. D'après la règle de saint Benoît (c. 43), les moines sont avertis par le son de la cloche qu'ils doivent se rendre à l'office divin ou œuvre de Dieu et ils doivent mettre un saint zèle à se devancer les uns les autres aussitôt que le signal est donné ; le son se fait entendre aux diverses heures du jour et de la nuit. Les fidèles, groupés autour du monastère, étaient avertis par là que les religieux allaient s'adonner à la louange divine.

(1) *Ephemerides liturgicæ,* a. 1908, t. XXII, pp. 198-203.

1° *Sainte Messe :* L'offrande du Saint Sacrifice fut bientôt annoncée par une sonnerie spéciale et, dans la suite, on crut devoir distinguer les solennités de certains jours, comme aussi les principaux moments de la messe solennelle. Il y eut, dit Dom Martène, des sons variés pour les grandes fêtes : on donnait dès la veille, à l'heure de midi, un son spécial pour annoncer le mystère qui se célébrerait le lendemain. Plus tard, les cloches furent mises en branle pour la procession qui précédait la grand'messe, au chant du *Gloria in excelsis* pour la première messe de Noël, pour les messes du jeudi saint et du samedi saint, voire même pour celle de la vigile de la Pentecôte, à chaque messe solennelle au moment de l'élévation, puis lorsque la messe était terminée (1). C'étaient pour les fidèles des invitations réitérées à s'unir aux moines dans la manifestation de leur reconnaissance envers le Seigneur : la plupart de ces usages passèrent ensuite aux églises de paroisse. Nous devons nous arrêter un peu plus ici à la sonnerie de l'élévation qui est relativement récente et ne paraît pas avoir été d'institution monastique.

Actuellement, à la messe, on sonne la clochette (et même la cloche aux messes solennelles) au moment de la *grande élévation*. Le R. P. Thurston a étudié récemment les origines de cette pratique et ses conclusions sont intéressantes à signaler. Que faut-il penser tout d'abord de ce que dit à ce sujet Catalani (2) : l'usage de cette sonnerie existait dans l'église latine presque un siècle avant Innocent III (1198-1216), c'est-à-dire par conséquent au commencement du xiiᵉ siècle ? Ce que dit Catalani paraît plutôt se rapporter à ce que nous appelons la petite élévation qui se fait immédiatement avant le *Pater* et marque la fin du canon. En effet, Hildebert du Mans dit que, de son temps en Gaule (1097), la coutume existait d'élever les mystères après la consécration, sans toutefois parler

---

(1) D. MARTÈNE : *De Antiquis ecclesiæ ritibus,* t. IV, pp. 173, 178, 94, 144, 160, 174.

(2) CATALANI : *Pontificale Romanum,* t. II, p. 511.

de sonnerie (1). Yves de Chartres, qui est de la même époque († 1116), dans la lettre écrite à Mathilde d'Angleterre pour la remercier d'un don de cloches fait à son église, parle non seulement du rite de l'élévation de l'hostie, mais aussi du son de la cloche à l'élévation. Toutefois ce rite ne paraît pas être notre rite de la grande élévation : d'une citation de la vie de saint Hugues de Lincoln, chartreux, et de l'étude des coutumes cartusiennes il résulte que, dans cet Ordre, il y avait une double élévation à la messe : la première avant de prononcer : *Hoc est enim corpus meum*, la seconde immédiatement avant le *Pater*. Une décrétale d'Honorius III (a. 1219) veut qu'on apprenne au peuple à s'incliner respectueusement lorsqu'à la messe l'hostie salutaire est élevée, mais l'expression *elevetur* de cette décrétale est au moins équivoque ; un concile écossais de 1227 veut que les prêtres n'élèvent pas l'hostie avant que les paroles : *Hoc est enim...* aient été prononcées ; les statuts de Gautier de Canteleu, évêque de Worcester, (1240) parlent de l'élévation au sens actuel, ils marquent pour ainsi dire la période de transition entre la pratique antérieure et celle qui a prévalu. En lisant le traité d'Innocent III (1198-1216) (2), on se persuade que le grand pape n'avait aucune idée d'une élévation faisant suite à la consécration du pain. Bref, c'est à Paris, sous l'épiscopat d'Eudes de Sully, que l'on rencontre le premier décret synodal enjoignant aux prêtres de montrer au peuple la sainte hostie (entre 1190 et 1208) : cette ordonnance est une protestation pratique contre les théories des deux chanceliers de Paris *(Petrus Cantor* et *Petrus Comestor)*. D'où il suit que la grande élévation de la messe, après l'une et l'autre consécration, ne fut établie qu'au commencement du XIIIᵉ siècle : la pratique de sonner à ce moment suivit de près ; un décret de Guillaume de Paris en 1208 ordonne de sonner alors une cloche

_______

(1) HILDEBERT *du Mans : poème sur la messe,* cité par la *Revue du clergé français*, a. 1900, t. LIV., p. 538.

(2) INNOCENT III, *De Sacro altaris mysterio*, P. L., t. CCXIV, c. 1118-1122.

pour inviter les fidèles à la prière, l'acolyte ou servant
de messe agite la clochette (1). À Rome l'usage ne fut
adopté qu'un peu plus tard : on ne saurait dire au juste
en quoi consiste l'élévation dont parle l'*Ordo Romanus XIII* (1271-1276). L'*Ordo Romanus XIV* est plus
explicite à ce sujet (2). La pratique de sonner la clochette à la petite élévation existait en France avant la
sonnerie de la grande élévation ; elle s'est maintenue
en certaines localités.

Il y eut aussi, même aux messes basses, des sonneries qui s'introduisirent successivement : telles sont la
sonnerie du début pour annoncer qu'une messe va
commencer, au *Sanctus* pour éveiller l'attention des
assistants, au *Domine non sum dignus* pour prévenir
de l'instant où va se donner la sainte communion.

2° Les *autres offices de l'Eglise* et *l'Angelus*. — Les
autres offices, notamment les laudes (matines), célébrées dès l'aube du jour, les vêpres célébrées sur le
soir furent aussi annoncés par le son des cloches. — Il
paraît aussi que, dans certaines régions, après la récitation des complies dans les monastères, quelques
coups de cloches annonçaient la *trina oratio*. De là
serait venue l'ordonnance d'un synode de Caen, tenu
en 1061, où il est dit : Chaque soir on sonnera la cloche
pour appeler les fidèles à la prière, après quoi ils
devront se retirer chez eux et fermer leurs portes. Le
R. P. Thurston en notant cette prescription du xie siècle avait pensé tout d'abord qu'on pourrait y voir la
première origine du *couvre-feu* puis de la prière
*Ave Maria* récitée trois fois et enfin de l'*Angelus* : il
n'y aurait eu dans ces temps reculés que l'*Angelus*
du soir, celui du matin et de midi aurait été ajouté plus

<hr>

(1) Le R. P. Thurston signale à ce sujet certaines extravagances qui se
produisirent en Angleterre au xiii° siècle, par suite d'une dévotion mal
entendue. Clochettes et cloches furent employées à l'élévation pour
permettre aux assistants et même à ceux qui flânaient autour de l'église
de venir contempler la sainte hostie élevée entre les mains du prêtre.
— Voir *Les Origines de l'élévation*, traduction de Boudinhon dans
*Revue du clergé français*, a. 1908, t. LIV, p. 165.

(2) Pour les *Ordines Romani*, voir *P. L.*, t. LXXVIII, col. 1166, 1176.

tard (1). Mais, revenant sur cette première conclusion, il croit à un lien plus étroit d'origine entre les *trois Angelus* du matin, de midi et du soir, cette pratique dut prendre naissance dans la première moitié du XIII° siècle, c'était alors la simple récitation de l'*Ave*. — On lit dans une ordonnance portée par Grégoire IX, vers 1239 : à l'élévation de l'hostie, à la messe, on sonnera la cloche et une cloche sera également sonnée *pour la Salutation* et les *louanges de Notre-Dame* (2). L'authenticité de cette ordonnance a été contestée : cependant certains faits d'un autre ordre rendent probable l'existence d'une sorte d'*Angelus* en Allemagne dès la première moitié du XIII° siècle. Ainsi, il est à noter qu'en Allemagne, la sonnerie dite *pro pace* est celle même de l'*Ave Maria* ou de l'*Angelus*. L'évêque de Breslau en 1331 accorde quarante jours d'indulgence à ceux qui, au son de l'*Ave Maria* le soir, s'agenouilleront et prieront pour la prospérité de l'Église et la *paix* du pays ; des dispositions analogues sont prises à Parme en 1317, à Sens en 1347, dans un diocèse espagnol en 1322. L'étroite connexion entre la cloche de l'*Ave* du soir et la prière pour la paix s'étend aux autres heures, en 1472 une ordonnance du roi Louis XI veut qu'on s'agenouille au son de midi pour réciter un *Ave Maria* comme cela se pratiquait déjà à la chute du jour. Recommandant une croisade de prières pour arrêter les invasions des Turcs, le pape Calliste III, en 1456, avait ordonné que dans toutes les églises du monde on tinterait par trois fois la cloche entre none et vêpres, comme pour l'*Ave Maria* du soir ; à ce signal chacun récitait une fois (ou mieux trois fois) le *Pater* et l'*Ave* ; en 1500, sous Alexandre VII, des prières du même genre sont adoptées par les paroisses de Rome pour implorer l'aide du ciel contre les Turcs. Ajoutons que, surtout en Allemagne, un nombre consi-

---

(1) H. THURSTON, divers articles dans *The Month*, nov., déc., janvier et mai 1902. M. BOUDINHON en a donné une traduction dans *Revue du Clergé français*, a 1902, t. XXXI, p. 24.

(2) Ordonnance mentionnée par le R. P. BRIDGETT, *Our Lady's Dowry*, p. 216, et dans les Bollandistes.

dérable de cloches portent des inscriptions faisant allusion à l'*Ave* ou à la *paix*. Ainsi par exemple : *O Rex gloriæ Christe, veni cum pace*, et cette autre sur une cloche de 1294 : *Ave Maria, amen † o Rex gloriæ veni cum pace* (1). Manifestement ces cloches étaient destinées à sonner l'*Ave*. Signalons enfin l'ordonnance attribuée à saint Bonaventure dans le chapitre général franciscain de 1263 (ou 1269) : les frères, y est-il dit, exhorteront les fidèles à saluer la sainte Vierge par plusieurs *Ave Maria*, quand ils entendront la cloche de complies (2). Qu'on veuille bien remarquer encore la relation de l'*Ave* du soir avec la *venue du prince de la paix* (accomplissement du mystère de l'Incarnation), on comprendra que nos plus anciennes cloches de la paix peuvent marquer le commencement de la pratique d'une sorte d'*Angelus* : l'invocation *O Rex gloriæ*... rare sur les cloches avant 1260 (3) devient de plus en plus fréquente pendant le xiv<sup>e</sup> et le xv<sup>e</sup> siècle.

De cet ensemble de faits, on peut tirer la conclusion suivante : L'origine primitive de l'*Angelus* peut remonter à l'acte de Grégoire IX (1239) ; dans une indulgence accordée par l'évêque Henri de Brixen à l'église de Freins dans le Tyrol, il est question de la récitation de trois *Ave* au son de cloche du soir et cette indication est rendue vraisemblable par l'existence de nombreuses cloches de l'*Ave ;* les décrets du chapitre de Padoue en 1295 sont un *confirmatur* de l'ordonnance de 1263 que l'on peut interpréter dans le sens de l'*Angelus* du soir. — Quant à l'*Angelus* de midi, on peut lui trouver quelque rapport avec la dévotion à la Passion de Notre-Seigneur (midi fut l'heure où Jésus-Christ expira sur la croix), une cloche d'Essen du xiii<sup>e</sup> siècle

---

(1) C'est la cloche de Stotterlingenburg, près Halberstadt. Des inscriptions de la même époque et du même genre sont signalées dans *Revue du Clergé français*, a. 1902, t. XXVI, p. 40.

(2) On a remarqué qu'en beaucoup de contrées, notamment en Italie, la fin de Complies coïncide avec le moment de l'*Ave*. G. BILFINGER, *Die mittlalterlichen Horen*, p. 102.

(3) La cloche de paix la plus ancienne qui porte une date est celle de Fribourg-en-Brisgau, elle est de l'an 1258. OTTE, *Glockenkunde*, p. 121.

a pour inscription : *Dum sono, signo Christum de ligno clamantem,* d'où l'on conclut qu'un son de cloche à midi, au XIV° siècle, invitait les fidèles à honorer la Passion (au moins le vendredi). Puis au XV-XVI° siècle le son de midi perdit sa signification primitive, les mêmes formules : *Angelus Domini... Ecce ancilla... Et Verbum...* qui rappellent le mystère de l'Incarnation furent récitées à midi comme au matin et au soir : l'assimilation entre les trois moments de la journée devint définitive (1).

3° *Le silence des cloches pendant les trois derniers jours de la Semaine Sainte.* — La sonnerie journalière de la messe et de l'*Angelus* nous amène à parler d'une exception passée en usage dans l'Église universelle : quoiqu'on sonne en signe de deuil pour les défunts (jour du décès, des funérailles, de l'anniversaire), comme nous le verrons plus loin, l'anniversaire de la mort du Sauveur, pour des raisons multiples, est signalé à l'attention des chrétiens par le *silence complet* de toutes les cloches. — Cette pratique ne paraît pas avoir existé dans la liturgie mozarabe, car d'après le *Liber ordinum*, le peuple était averti du *Mandatum* ou lavement des pieds le jeudi saint par le son d'une cloche (2). Mais au VIII° siècle, à Rome, d'après l'*Ordo Romanus I*, il y a un moment encore assez mal déterminé où l'on cesse de sonner les cloches le Jeudi Saint pour n'en reprendre la sonnerie que le matin du jour de Pâques (3). La même imprécision règne à ce sujet dans les coutumes monastiques du siècle suivant : un ancien *Codex* du Mont-Cassin, écrit au temps de l'abbé Berthaire († 884), dit : Dès les complies du mercredi saint on cesse de sonner les cloches et on prend les instruments de bois jusqu'à la messe tardive du samedi saint. D'autres monastères sonnent les cloches jusqu'à l'introït de la messe du Jeudi Saint et les laissent silen-

---

(1) *Revue du Clergé français*, a. 1902, t. XXXI, p. 47.

(2) D. FÉROTIN, *Monumenta liturgica*, t. V. *Liber ordinum*, p. 190.

(3) *P. L.*, t. LXXVIII, col. 951. La suspension de sonnerie en ces jours est encore mentionnée au VIII° siècle par un pontifical de Saint-Lucien de Beauvais. D. MARTÈNE, *loc citat...*

cieuses jusqu'au samedi suivant ; cependant, d'après les coutumes de Germanie, on les sonne encore pour le *Mandatum* et les vêpres du Jeudi Saint. En somme, pour la cessation de la sonnerie la pratique n'est pas absolument uniforme au ix^e siècle : dans certains monastères on interrompt la sonnerie dès les complies du mercredi saint ; ailleurs, c'est seulement avant l'introït de la messe du jeudi saint et cependant on sonne encore pour le *Mandatum*. Rien d'étonnant que le *Gloria in excelsis* de la messe ne soit pas marqué comme le moment de l'interruption, car d'après les coutumes monastiques de saint Bénigne de Dijon, la messe se dit sans *Gloria*, à moins que l'évêque ne célèbre. — Au x^e siècle, le *Gloria in excelsis* est dit aux messes du jeudi saint et du samedi saint : il est noté comme moment de cessation et de reprise de la sonnerie dans les coutumes de Germanie et du Mont Cassin. Au x^e et xii^e siècles, l'uniformité tend à s'établir, mais n'est pas encore complète ; les indications à ce sujet restent plus ou moins dans le vague soit d'après les *Ordines Romani*, soit d'après la discipline de certains monastères (1). L'*Ordo* de Bérold n'est pas très explicite au sujet de la pratique de Milan au xii^e siècle (2). — Un Pontifical de Soissons (début du xiii^e siècle) assigne la consécration du Saint-Chrême comme moment où l'on cessera la sonnerie et revendique pour l'église cathédrale le privilège de donner le signal aux autres églises. Plus tard ce dernier point sera réglé par l'autorité canonique.

II. *Sonneries pour l'administration des Sacrements et pour les défunts.* — Les cloches, conformément à une tradition chrétienne, ont été employées, du moins en beaucoup de régions catholiques, pour inviter tous les membres d'une même paroisse à partager la joie ou la tristesse des particuliers. Ainsi, en certains pays, il est

---

(1) Sur les diverses pratiques monastiques, voir D. MARTÈNE, *De Antiquis monachorum ritibus*, t. IV, pp. 127, 144, t. III, pp. 109, 110 114, 119.

(2) MAGISTRETTI, *Beroldus seu ecclesiæ ambrosianæ mediolanensis kalendarium et Ordines sæculi XII*, pp. 101, 107, 108, 109.

d'usage de célébrer le baptême des enfants, les mariages entre catholiques par de joyeux carillons : c'est ainsi que la sonnerie est associée à la joie des familles et invite tous les paroissiens à remercier Dieu pour les bénédictions qu'il daigne répandre sur des individus.

Dans les circonstances douloureuses, la cloche rend un glas funèbre pour solliciter les prières en faveur des mourants et des défunts. Il y a lieu d'insister un peu sur cette pratique d'un caractère plus ancien et plus général. — Dans les monastères, lorsque quelqu'un des frères entrait en agonie, le son de la cloche convoquait près de sa couche funèbre ceux qui pouvaient s'y rendre et avertissait les autres qu'ils eussent à prier là où ils étaient pour l'âme en danger, à cette heure suprême : la pratique est attestée dès le VIIe-VIIIe siècle dans les écrits du vénérable Bède (1). A cette idée pieuse se rattache le *son de la clochette* dans le *port du saint viatique* aux moribonds : la coutume en Angleterre remonte à saint Edmond de Cantorbéry († 1239) (2) ; il faut regretter que cette pratique ait disparu en bien des endroits. — L'usage de sonner pour les morts, moins ancien, s'est généralisé et se maintient même en des régions où l'affaiblissement de la foi en a fait oublier la pieuse signification. Chez les Celtes, on employait les clochettes à main dans la cérémonie des funérailles ; les confraternités du moyen âge, connurent en France les clocheteurs des morts. La pratique universelle de sonner pour les défunts est attestée indirectement par une décision du pape Innocent III. Comme le son des cloches était prohibé en temps d'interdit, ce pontife ne voulut pas faire une exception en faveur des clercs assujettis à l'interdit ; s'ils venaient à mourir, ils devaient être enterrés dans le cimetière sans le son des cloches (3). Il serait trop long de rapporter ici les prodiges de cloches se met-

---

(1) *Histoire ecclésiastique*, liv. IV, c. 23. *P. L.*, t. XCV, col. 211.
(2) L. MORILLOT, *ouvr. cité*, p. 29.
(3) *Corpus Juris Canonici*, in capite : *Quod in te*, XI, *De pænitentiis et remissionibus.*

tant en branle par miracle pour annoncer le trépas de
saints personnages ; il suffira de remarquer avec Honorius d'Autun (1) que la sonnerie pour les morts est
inspirée par une double pensée de foi : on invite ainsi
les vivants à prier pour les défunts, on leur rappelle
en même temps qu'ils mourront un jour et qu'ils
doivent songer à préparer pour eux-mêmes ce passage
redoutable. Depuis que s'est établie la fête des morts,
au 2 novembre, le glas funèbre au soir de la Toussaint
et dans la matinée du lendemain se fait entendre pour
solliciter notre pitié en faveur des âmes du Purgatoire
et nous rappeler à sa manière le dogme de la résurrection future : dans le même but, à Rome et en certaines
parties de l'Amérique du Nord, chaque soir, une heure
après l'*Angelus* se fait entendre la cloche dite du : *De
profundis* (2).

**III.** *Sonneries pour quelques circonstances particu-
lières :* Joies ou calamités publiques. — Dans ces
dernières occasions, la cloche prête sa voix pour traduire les sentiments du deuil général, de même en
d'autres circonstances on la fait servir à la manifestation de la joie générale, c'est ainsi qu'on s'en sert pour
saluer l'arrivée d'un nouveau curé, la visite de
l'évêque, l'entrée d'un grand personnage représentant
l'autorité civile, pour célébrer les jours de réjouis-
sances publiques, pour accompagner le chant solennel
d'un *Te Deum* ou les processions du Saint Sacrement.

On sonne aussi les cloches pour avertir les peuples
en temps de calamité publique, comme les guerres, les
incendies (tocsin) ; c'est un appel de détresse pour
inviter les citoyens d'un même pays à l'union en face
du danger. Il est à remarquer enfin que les prières de
la bénédiction des cloches attribuent à ces instruments
la puissance d'éloigner les démons, de conjurer les
orages.

Ainsi le son de la cloche devient une sorte de sacra-

---

(1) *De Gemma animæ*, lib. IV, c. 116. *P. L.*, t. CLXXII, c. 732.

(2) Le pape Clément XII, en 1736, a accordé une indulgence à ceux qui
réciteraient à ce moment un *De profundis*. Cf. A. ROCCA, *De Campanis*, Œuvres, t. I, p. 179.

mental dont l'effet est d'attirer la protection divine. La vertu contre les puissances infernales s'est manifestée par des prodiges : quant à l'action sur les tempêtes et les orages, elle est due à une intervention divine qui tient du prodige : Dieu récompense la confiance de ses serviteurs. Sans doute, des esprits hostiles à l'Église n'ont pas manqué de dire qu'en autorisant le son des cloches en temps d'orage, l'Église autorisait une action dangereuse, l'ébranlement de l'air causé par les vibrations sonores pouvant, d'après la science, provoquer la chute de la foudre. Il ne faudrait pas rendre la liturgie de l'Église responsable de toutes les interprétations données à ses paroles : elle n'a jamais prescrit de sonner les cloches à toute volée pendant l'orage. La coutume du moyen âge inspirée par une pensée de foi était de convier les fidèles à élever leurs prières vers Celui qui peut à son gré, déchaîner ou calmer les tempêtes. Pour cela on se contentait de rares tintements qui n'offraient aucun péril. En 1838, Arago, traitant la question au point de vue scientifique, écrivait : « Dans l'état actuel de la science, il n'est pas prouvé que le son des cloches rend les coups de tonnerre plus imminents et plus dangereux, il n'est pas prouvé qu'un grand bruit ait jamais fait tomber la foudre sur des bâtiments que sans cela elle n'aurait point frappés (1). »

## Article III. — Dispositions canoniques concernant les cloches.

Comme la sonnerie des cloches est d'ordre religieux et ecclésiastique, elle a été, en maintes circonstances, l'objet de réglementations canoniques : nous allons résumer les principales avant de terminer ce chapitre.

1. *Fonction de sonner les cloches* : Les Capitulaires

(1) Arago, *Notion scientifique de la foudre*, dans *Annuaire du Bureau des longitudes*, a. 1838. — Voir aussi Catalani, *Pontificale Romanum*, t. II, pp. 498-501. — Rocca, *De Campanis Commentarius*, Opera, t. I, pp. 181-182. — Benoit XIV, *Institutiones ecclesiasticæ*, Inst. t. 47, t. X, p. 223.

de Charlemagne (1) nous apprennent que les prêtres seuls avaient le droit de sonner les cloches. Cependant, dès le VIe siècle, les clercs mineurs investis de l'ordre de portier remplirent également cette fonction : c'est depuis cette époque que les clercs-portiers sonnent la cloche pendant leur ordination (2). Saint Benoît (ch. 47 de sa règle) confie à l'Abbé lui-même le soin d'annoncer l'heure des offices, à moins qu'il ne s'en décharge sur un frère consciencieux : aussi vit-on dans les premiers monastères bénédictins, l'Abbé lui-même sonner les exercices. Conformément à ces antiques coutumes, le Droit canon énumère parmi les fonctions du gardien de l'église *(mansionarius seu custos)* celle de sonner les cloches sur l'ordre de l'Archidiacre pour annoncer les offices canoniques (3) ; il convient que le clerc minoré soit revêtu du surplis pour remplir cette fonction. Sur ce point l'Eglise s'est départie de sa première rigueur et concède la fonction de sonneur à de simples laïques ; elle n'en conserve pas moins dans le texte du Pontifical les expressions qui attribuent au portier la sonnerie des cloches : *Ostiarium oportet percutere cymbalum et campanam.*

2. *Droit de bénir les cloches.* — De droit commun cette fonction est réservée à l'évêque : celui-ci ne peut déléguer à cet effet un simple prêtre qu'en vertu d'un Indult apostolique. La raison en est, dit Benoît XIV, qu'il y a dans cette cérémonie une onction du Saint-Chrême (4). — Depuis qu'une nouvelle formule plus simple a été concédée en 1908 pour la bénédiction par un simple prêtre, une délégation sans Indult apostolique suffit au prêtre pour user de cette formule ; néanmoins le simple prêtre, muni d'une délégation donnée par l'évêque en vertu d'un Indult apostolique, peut,

---

(1) Liv. 2, n° 71, *P. L.*, t. LCVII, col. 768, dans la collection du Diacre Benoît.

(2) D. Martène, *De Antiquis ecclesiæ ritibus*, t. II, liv. I, c. 8.

(3) Livre I des Décrétales, tit. 27, ch. I.

(4) *Institutiones ecclesiasticæ, Instit.* 47, t. X, p. 223.

comme par le passé, bénir une cloche suivant le rite du Pontifical romain (1).

3. *Règlement de la sonnerie des cloches.* — Ce règlement dépend avant tout de l'évêque et non de l'autorité civile : la bénédiction fait des cloches un meuble d'église destiné à annoncer la célébration des divins offices. C'est donc uniquement en vertu d'une concession faite par l'Église que ces instruments peuvent être affectés à des usages civils, et, tant que les États se montrent respectueux observateurs des conventions établies dans les concordats ou autrement, ils reconnaissent que l'emploi des cloches pour les solennités civiles reste subordonné à l'agrément de l'autorité épiscopale. Ainsi l'avait compris en France, avant la loi de séparation, le législateur civil dans les articles 100 et 101 de la loi municipale du 5 avril 1884. — L'Église affirme particulièrement son droit sur les cloches quand elle frappe d'interdit toute une contrée : une des conséquences de cette mesure est la prohibition des offices solennels qui dès lors n'ont pas à être annoncés. On permet la célébration quotidienne de la messe, mais à condition que les portes de l'église demeureront fermées et que l'on ne sonnera pas les cloches. Le son de l'*Angelus* trois fois le jour est néanmoins autorisé (2).

Des règlements canoniques d'ordre particulier ont été établis pour la reprise de la sonnerie des cloches le samedi saint. Depuis que cette reprise a été avancée dans la matinée du samedi saint et attaché au *Gloria in excelsis* de la messe, des contestations s'élevèrent entre les diverses églises d'une même localité : l'office n'étant pas à la même heure et durant plus ou moins de temps suivant que l'on faisait ou non la bénédiction des fonts, il arrivait que des églises de religieux sonnaient leurs cloches avant l'église cathédrale. Le cinquième Concile de Latran, tenu sous Léon X, décréta, en 1521, que l'Église cathédrale (ou l'église

---

(1) *Ephemerides liturgicæ*, a. 1910, t. XXIV, pp. 669-670.
(2) A. ROCCA, *De Campanis commentarius*, t. I, p. 184.

principale du lieu) donnerait le signal, et que les religieux exempts eux-mêmes ne sonneraient pas leurs
cloches avant elle (1).

*4. Indulgences attachées au son de l'Angelus.* — Pour
encourager les fidèles à honorer Marie lorsque sonne
l'*Angelus* trois fois le jour, le pape Benoît XIII (14 sep-
tembre 1724) a accordé une indulgence de cent jours
pour chaque récitation et une indulgence plénière une
fois le mois pour ceux qui seraient exacts à observer
cette pratique. Léon XIII (3 avril 1884) a modifié
les conditions déterminées pour le gain de ces indulgences : primitivement, il était statué qu'on devait
réciter l'*Angelus* à genoux (sauf le samedi soir et toute
la journée du dimanche) et au son de la cloche ; dé-
sormais, si l'on a une raison suffisante, on peut être
dispensé de cette double condition, c'est-à-dire qu'on
a la faculté de réciter la prière sans se mettre à genoux
et à un moment qui se rapproche de l'heure où l'on
sonne ; à la prière ordinaire si on ne la sait pas et si
on est dans l'impossibilité de la lire on peut substituer
cinq *Ave Maria*. Durant le temps pascal, l'Antienne
*Regina cæli* se récite toujours debout à la place de
l'*Angelus*. L'indulgence de l'*Angelus* est une de celles
qui subsistent en temps de Jubilé (2).

# CHAPITRE II

## Le symbolisme des cloches.

A partir du ixe siècle, les liturgistes commentent à
l'envi les prières de la Bénédiction des cloches et ils
en déduisent des enseignements salutaires pour les
prêtres et pour les fidèles. Essayons de résumer ici ces
enseignements.

(1) A. Rocca, *Ibid.*, Benoit XIV, *Institutiones ecclesiasticæ, Insti-
tutio 20*, t. X, p. 78. *Cæremoniale Episcoporum*, lib. II, cap. 27.
(2) H. Thurston, *The catholic Encyclopædia*, vol. I, p. 486.

I. Les *prêtres* et en général tous les membres du clergé doivent *s'aider des cloches* dans l'accomplissement de leurs fonctions. Le prêtre est l'homme de la prière et de la prédication ; dans l'une comme dans l'autre il forme les âmes à la lutte contre le démon et leur apprend à en triompher. La cloche est pour lui un puissant auxiliaire dans l'accomplissement de cette mission d'ordre surnaturel. — 1° *Convocation à la prière* : Sous la Loi nouvelle, cette convocation se fait par le moyen des cloches. Ce sont les instruments substitués aux trompettes de la loi mosaïque : Dieu lui-même avait ordonné que les trompettes fussent d'argent, que les lévites s'en servissent pour convoquer tout le peuple autour du tabernacle. Dans la main du prêtre, la cloche devient comme un instrument pour dire aux fidèles : Élevez vers Dieu vos cœurs. — Bien plus, les prières liturgiques nous invitent à voir dans la cloche le modèle d'une âme contemplative : la cloche plane dans les airs au-dessus des bruyantes agitations du siècle, c'est Marie choisissant la meilleure part, le bois qui la surmonte et sert à la suspendre représente la croix du Sauveur pour nous apprendre que la contemplation en cette vallée de larmes ne va pas sans la souffrance, que Jésus sur le Thabor s'est entretenu de la pensée de sa mort prochaine. Au prêtre, il convient de goûter cet enseignement, de le vivre pratiquement pour être à même de l'inculquer au moins à des âmes d'élite (1). — 2° *Instrument de prédication*. Substituée aux trompettes de l'Ancienne Loi, la cloche convoque tous les fidèles autour du prêtre pour recevoir de sa bouche les instructions de Dieu ; bien plus elle est comme le prolongement de la voix des anciens prophètes pour annoncer la venue du Rédempteur, ouvrir le chemin aux célestes vérités. Nos liturgistes insistent avec une sorte de complaisance sur cette considération et il n'est pas étonnant que les prédicateurs de l'Évangile se soient présentés aux peuples armés d'une clo-

---

(1) Voir dans le Pontifical Romain, l'oraison : *Deus qui per beatum Moysen ;* la lecture évangélique finale (S. Luc, ch. x, v. 38-42). Voir aussi les enseignements d'Amalaire, de Jean Beleth.

chette. Elle symbolise trop bien le grand retentissement
que devait avoir dans l'univers entier l'enseignement
du Fils de Dieu. La cloche, dit à ce propos Amalaire,
a sur les trompettes cette supériorité que sa solidité la
rend plus durable et que sa sonorité porte sa voix à
des distances plus grandes : ainsi l'enseignement des
lévites ne s'adressait qu'à un peuple privilégié et devait
s'effacer devant celui de Jésus, mais la prédication
évangélique dont les prêtres ont la charge doit s'étendre
à toute la terre et se continuer par eux jusqu'à la fin
des siècles (1). — « Comme les trompettes de la Loi
Mosaïque, dit encore Rupert, les cloches représentent
les saints prédicateurs de l'Eglise qui invitent le peuple
chrétien à monter sur la montagne sainte, jusqu'à la
céleste Jérusalem pour unir sa voix à celle des Anges.
Sans doute le prédicateur de l'Evangile est au-dessus
de ces instruments matériels ; il peut néanmoins en
recevoir des leçons. Que sa force d'âme et la fermeté
de sa parole soient à l'instar de la dureté du métal,
qu'il s'élève au-dessus des habitations terrestres pour
converser avec les habitants des cieux, qu'il se consi-
dère comme la sentinelle avancée pour faire face à
l'ennemi, qu'il ait dans sa partie supérieure le bois
salutaire de la croix, que le lien de la charité soit
comme la corde qui lui permette de se pencher vers
ses frères, qu'il ne soit pas réduit au silence lorsque le
moment est venu d'annoncer son Dieu. Enfin que dans
les circonstances plus solennelles, sa voix retentisse
avec plus d'intensité, de fréquence et de durée pour
réveiller de leur sommeil les âmes paresseuses, les
exciter à la prière sans laquelle on succombe à la ten-
tation (2). Quant à la corde qui sert à sonner la cloche,
Amalaire et Beleth la comparent aux saintes Ecritures :
c'est comme la mesure d'après laquelle le prédicateur
doit régler sa parole. Elle a pour point de départ le
bois de la croix, cette croix est au-dessus de notre

---

(1) Amalaire. *De ecclesiasticis officiis*, *lib. III*. cap. 1. *P. L.*, t. **CV.**
col. 1102-1103.

(2) **Rupert :** *De divinis officiis, lib. I*. c. 16. *P. L.*, t. **CLXX**, col. 19-20.

portée si Jésus ne nous en donne pas l'explication. Le triple cordon dont la corde est formée représente le triple sens historique, allégorique et moral de nos Livres saints ; on y trouve tantôt des vérités sublimes (les mystères) tantôt des enseignements plus à notre portée (les règles de conduite pratique).

Ainsi l'Évangile met en contact avec la vie et la mort de Jésus, adoucit les aspérités de l'épreuve dont la vie chrétienne est remplie. Le mouvement de va-et-vient de la corde apprend au prédicateur à quelle perfection il doit s'élever pour entraîner les âmes à la suite du divin Maître (c'est le mouvement de bas en haut), à quel état d'impuissance il est réduit quand il contemple son humaine faiblesse (c'est le mouvement de haut en bas). Ainsi, dit saint Grégoire, il a le secret de se connaître et de se mesurer lui-même, et ce secret apprend à établir entre les autres le lien d'une intime charité. Dès lors, conclut Amalaire, le prêtre, dont l'une des principales fonctions est de prêcher la parole de Dieu, ne doit pas dédaigner de sonner les cloches ; par cette action commune en apparence, il se prêche efficacement à lui-même, il apprend à prêcher aux autres avec succès et bénédiction (1). En même temps que les liturgistes assimilent le son des cloches à la voix des prédicateurs de l'Évangile, ils trouvent un symbolisme dans le silence des trois derniers jours de la semaine sainte. Amalaire, il est vrai, dit qu'on a voulu rappeler par ce rite l'humble condition de l'église primitive quand elle célébrait ses offices dans l'obscurité et le silence des catacombes ; c'était en même temps honorer la sépulture du Sauveur et le silence du tombeau dans l'attente de la glorieuse résurrection (2). Mais Rupert rattache cette pratique à l'idée qui voit dans le son des cloches comme un écho de la voix des prédicateurs. Les cloches, dit-il, représentent les prédicateurs du Christ, les gardiens de la

-----

(1) Amalaire, loc. citat.

(2) Amalaire : *De ecclesiasticis officiis, lib. IV.* c. 21. *P. L.,* t. CV, col. 1201.

cité sainte. Au lieu d'obéir à l'injonction du prophète qui ne veut pas que ses sentinelles gardent le silence (Isa., 62, 6), les Apôtres, premiers dépositaires de l'enseignement divin, ont non seulement gardé le silence à l'heure de la Passion, mais ils ont pris honteusement la fuite dès qu'ils ont vu Jésus aux mains de ses ennemis. Par contre, la reprise de la sonnerie le samedi saint marque l'exaltation et l'émoi causés dans Jérusalem par la nouvelle que Jésus est ressuscité (1). — 3°. Les cloches sont une *arme de combat.* Pour prier et prêcher, les prêtres ont des luttes à soutenir; mais sous la loi naturelle comme sous l'ancienne, Dieu fournit à ses combattants des armes d'un genre spécial. Jadis les murs de Jéricho sont tombés au son des trompettes : pour l'extermination des ennemis invisibles de ceux que saint Paul appelle les puissances de l'air, Dieu donne à son église les cloches, instruments d'un nouveau genre. Cette vertu, remarque Gretser (2), ne vient pas tant du son de la cloche, résultat de la vibration des ondes sonores, que des prières par lesquelles la cloche a été sanctifiée. Ce qui fit tomber les murs de Jéricho, ce ne fut pas tant l'éclat des trompettes, mais bien plus la toute-puissance de Dieu qui se servit de ces instruments ; ainsi au son des cloches bénites, le Seigneur a maintes et maintes fois, quoique non pas d'une façon infaillible, empêché les démons d'exercer leur puissance néfaste. C'est bien le cas pour le prêtre de se rappeler l'avertissement que donnait le grand Apôtre aux fidèles de Corinthe : c'est ce qui était insensé aux yeux du monde que Dieu a choisi pour confondre les sages ; c'est ce qui était faible au gré du monde que Dieu a choisi pour confondre les forts... Que nulle chair ne se glorifie devant Dieu ; — et d'autre part la réponse de Jésus aux disciples qui venaient lui rendre compte de leur mission : Seigneur, les démons mêmes nous

---

(1) Rupert, *De divinis officiis*, lib. *VII*, cap. 11. *P. L.*, t. CLXX, col. 291.

(2) GRETSER, *De Benedictionibus*, lib. II, c. 46.

sont soumis en votre nom !... Ne vous réjouissez pas de ce que les esprits vous sont soumis, mais réjouissez-vous de ce que vos noms sont écrits dans les cieux (1).
— Au lieu de s'étonner que Dieu ne renouvelle plus de nos jours les prodiges dont la vie des saints atteste l'existence dans les siècles passés, le prêtre peut croire en toute humilité que leur rareté est due au manque de foi du troupeau et même du pasteur : nous n'avons plus cette foi qui transporte les montagnes et met le Créateur au service de sa créature.

II. Les fidèles mieux instruits sur le sens des prières liturgiques par lesquelles l'Église sanctifie les cloches et sur l'usage pieux qu'elle fait de ces instruments ne manqueront pas de reconnaître et de vénérer la voix de Dieu dans leurs sons harmonieux. — La voix des cloches est la voix de Dieu même qui nous invite à l'adoration pour vénérer sa puissance, à la louange pour reconnaître sa bonté, à la pénitence pour calmer sa justice, à la prière pour attirer les effets de sa miséricorde. 1. *Voix d'adoration :* Les cloches suspendues dans les airs, envoyant aux quatre coins de l'univers leurs accents sonores, sont des messagères célestes, l'image des Anges prosternés devant le trône de l'Éternel et portant à tous les échos le mot d'ordre : *Qui est comme Dieu !... Saint, saint, saint est le Seigneur, le Dieu des armées... Le Seigneur est admirable dans les hauteurs...* La sainte liturgie nous signale cette voix comme la voix même de Dieu se faisant adorateur en la personne de son Fils : qu'on étudie de près pour s'en convaincre les deux psaumes, 28 : *Afferte Domino...* et 76 : *Viderunt te aquæ* qui se chantent au cours de la bénédiction des cloches. — 2. *Voix de louange :* Les cloches sont comme les ambassadrices de tous les êtres de la création que le Psalmiste invite à la reconnaissance ; Ps. 148 : *Louez le Seigneur, vous tous ses Anges, ses armées, soleil et lune, étoiles brillantes, océans, vents impétueux, montagnes et collines, animaux sauvages et troupeaux de toute sorte, rois de la terre et tous les peuples, jeunes hommes et jeunes*

(1) I *Cor.*, 1, 26-29, et S. Luc, X, 17-20.

*vierges, vieillards et enfants, etc.* — 3. *Voix de la pénitence.* Par leurs tons plaintifs, lentement répétés, les cloches nous invitent à calmer la colère de Dieu justement irrité à cause de nos crimes ; elles pleurent avec nous les malheurs que nous a apportés le péché ; elles se lamentent sur les âmes qui gémissent et expient ; elles crient pardon pour les âmes repentantes. — 4. *Voix de la prière.* Au son de la cloche, l'âme s'élève comme d'elle-même vers le ciel d'où lui vient tout secours ; une sainte émulation s'établit entre tous les enfants d'un même Père qui est dans les cieux pour implorer l'aliment de chaque jour ; à ceux qui ont moins de goût pour la demande, acte indispensable du mendiant de Dieu, la cloche donne courage en leur rappelant que des âmes ferventes prient au nom de l'Église et pour tous ses enfants, aux âmes généreuses la cloche prête ses ailes et les aide ainsi à porter leurs suppliques jusqu'au trône de Dieu : c'est comme un mouvement continu d'ascension et de descente dans lequel se rencontrent l'appel de la créature et le bienfait du créateur.

Enfin la cloche est la *voix qui nous avertit du temps qui s'écoule ;* fidèle servante de l'horloge où se mesurent les instants de notre vie, elle nous dit régulièrement qu'une nouvelle portion de notre vie vient de nous échapper, que le moment s'approche où sonnera pour nous la dernière heure, et qu'il faut employer utilement ce qui nous reste de vie sur cette terre pour préparer notre éternité : *Latet ultima ut custodiatur omnis hora.*

Terminons cette étude par les vers énigmatiques qu'un auteur du xviiie siècle a consacrés à la cloche : le lecteur, nous l'espérons du moins, y découvrira plus d'un trait symbolique omis au cours de ce chapitre :

*Est intra cœlos, est intra mansio terras ;*
*Non cœlum tango, non quoque tango solum.*
*Constringor vinclis, concludor robore duro,*
*Ut nulla mutem conditione locum.*
*Os mihi semper hiat, petulanter et exsero linguam*

*Nec, nisi cum cogunt verbera multa, loquor.*
*Cum loquor assiduis repleo clamoribus aures,*
*Verbera cum cessant, tunc quoque cesso loqui.*
*Non ulli noceo clamoribus ; hortor iniquos*
*Contrito ut quærant corde salutis iter* (1).

C'est entre terre et ciel que je fais mon séjour,
Et pas plus que le ciel je ne touche la terre.
Ma prison est de chêne, un fort lien m'enserre,
Et je ne puis songer à déserter ma tour.
Avec la bouche ouverte et la nuit et le jour
J'ai la langue allongée et cesse de me taire
Sous un redoublement de coups qui m'exaspère.
Ma voix fait retentir tout l'écho d'alentour.
Quand les coups ont cessé je cesse mes chansons ;
Je ne blesse personne et, quand je rends des sons,
C'est plutôt pour dicter l'acte qui purifie
Au pécheur qui m'écoute : au bruit de mes clameurs,
Il lave ses péchés en d'abondantes pleurs
Et reprend le chemin qui conduit à la vie !

(1) Franciscus Suvertus, cité par A. ROCCA, *De Campanis,* t. I, p. 185,
et par CATALANI, *Ponticale Romanum,* t. II, p. 523.

# TABLE DES MATIÈRES




1123-12.— Imp. des Orph.-Appr., F. BLÉTIT, 40, rue La Fontaine, Paris.